essentials

Essentials liefern aktuelles Wissen in konzentrierter Form. Die Essenz dessen, worauf es als „State-of-the-Art" in der gegenwärtigen Fachdiskussion oder in der Praxis ankommt. *Essentials* informieren schnell, unkompliziert und verständlich

- als Einführung in ein aktuelles Thema aus Ihrem Fachgebiet
- als Einstieg in ein für Sie noch unbekanntes Themenfeld
- als Einblick, um zum Thema mitreden zu können

Die Bücher in elektronischer und gedruckter Form bringen das Fachwissen von Springerautor*innen kompakt zur Darstellung. Sie sind besonders für die Nutzung als eBook auf Tablet-PCs, eBook-Readern und Smartphones geeignet. *Essentials* sind Wissensbausteine aus den Wirtschafts-, Sozial- und Geisteswissenschaften, aus Technik und Naturwissenschaften sowie aus Medizin, Psychologie und Gesundheitsberufen. Von renommierten Autor*innen aller Springer-Verlagsmarken.

Sascha Maier · Sandra Aengenheyster

Cyberresilienz in der Praxis

In sechs Schritten zum widerstandsfähigen Unternehmen

Sascha Maier
Beringen, Schweiz

Sandra Aengenheyster
Frankfurt, Deutschland

ISSN 2197-6708 ISSN 2197-6716 (electronic)
essentials
ISBN 978-3-658-49236-6 ISBN 978-3-658-49237-3 (eBook)
https://doi.org/10.1007/978-3-658-49237-3

Die Deutsche Nationalbibliothek verzeichnet diese Publikation in der Deutschen Nationalbibliografie; detaillierte bibliografische Daten sind im Internet über https://portal.dnb.de abrufbar.

© Der/die Herausgeber bzw. der/die Autor(en), exklusiv lizenziert an Springer Fachmedien Wiesbaden GmbH, ein Teil von Springer Nature 2025

Das Werk einschließlich aller seiner Teile ist urheberrechtlich geschützt. Jede Verwertung, die nicht ausdrücklich vom Urheberrechtsgesetz zugelassen ist, bedarf der vorherigen Zustimmung des Verlags. Das gilt insbesondere für Vervielfältigungen, Bearbeitungen, Übersetzungen, Mikroverfilmungen und die Einspeicherung und Verarbeitung in elektronischen Systemen.
Die Wiedergabe von allgemein beschreibenden Bezeichnungen, Marken, Unternehmensnamen etc. in diesem Werk bedeutet nicht, dass diese frei durch jede Person benutzt werden dürfen. Die Berechtigung zur Benutzung unterliegt, auch ohne gesonderten Hinweis hierzu, den Regeln des Markenrechts. Die Rechte des/der jeweiligen Zeicheninhaber*in sind zu beachten.
Der Verlag, die Autor*innen und die Herausgeber*innen gehen davon aus, dass die Angaben und Informationen in diesem Werk zum Zeitpunkt der Veröffentlichung vollständig und korrekt sind. Weder der Verlag noch die Autor*innen oder die Herausgeber*innen übernehmen, ausdrücklich oder implizit, Gewähr für den Inhalt des Werkes, etwaige Fehler oder Äußerungen. Der Verlag bleibt im Hinblick auf geografische Zuordnungen und Gebietsbezeichnungen in veröffentlichten Karten und Institutionsadressen neutral.

Springer Gabler ist ein Imprint der eingetragenen Gesellschaft Springer Fachmedien Wiesbaden GmbH und ist ein Teil von Springer Nature.
Die Anschrift der Gesellschaft ist: Abraham-Lincoln-Str. 46, 65189 Wiesbaden, Germany

Wenn Sie dieses Produkt entsorgen, geben Sie das Papier bitte zum Recycling.

Was Sie in diesem *essential* finden können

- Einen strukturierten Fahrplan in sechs Schritten, um Cyberresilienz systematisch im Unternehmen zu verankern, vom Risikoüberblick bis zur nachhaltigen Umsetzung.
- Konkret anwendbare Werkzeuge und Vorlagen, die Sie bei Analyse, Planung und Kommunikation unterstützen.
- Hilfestellungen zur Einordnung gesetzlicher und technischer Anforderungen, verständlich erklärt und auf die Unternehmenspraxis bezogen.
- Impulse zur Zusammenarbeit mit internen und externen Beteiligten, inklusive Kostenabschätzung und Reifegradbewertung.
- Orientierung für die tägliche Praxis, verständlich formuliert und zugeschnitten auf mittelständische Strukturen und Verantwortlichkeiten.

Vorwort

Als wir im Jahr 2020 das Buch „*Geschäftsrisiko Cybersecurity*" veröffentlichten, war unser zentrales Anliegen, das Bewusstsein für die wachsenden Gefahren in der digitalen Unternehmenswelt zu schärfen. Wir wollten aufzeigen, dass Cybersicherheit kein technisches Randthema ist, sondern ein zentrales Geschäftsrisiko für kleine wie große Unternehmen, quer durch alle Branchen darstellt. Die Resonanz war groß, und wir haben viele Rückmeldungen von Leser:innen erhalten, die uns bestätigten: Das Thema ist angekommen. Aber es fehlte an einem entscheidenden Punkt, nämlich eine Anleitung zur konkreten Umsetzung.

Hier setzen wir mit diesem Buch an. Es ist ein Leitfaden für alle, die es ernst meinen, aber nicht genau wissen, wo sie anfangen sollen. Für IT-Verantwortliche, die sich zur strategischen Führungspersönlichkeit entwickeln wollen. Für Geschäftsführer:innen, die nicht länger auf Berater:innen warten, sondern selbst aktiv werden möchten. Für mittelständische Unternehmen, die sich im Spannungsfeld von Digitalisierung, Regulatorik und Bedrohungslage mit einem klaren Plan behaupten wollen.

Das Herzstück dieses Buches ist eine Vorgehensweise, die aus der Praxis kommt. Sascha Maier, erfahrener CISO, hat sie in vielen Jahren entwickelt, verfeinert und unter realen Bedingungen mit Erfolg angewendet. Und zwar mit allen Herausforderungen, die mittelständische Unternehmen eben mitbringen: begrenzte Budgets, knappe Zeit, viele andere Baustellen. In Zusammenarbeit mit Sandra Aengenheyster, Spezialistin für IT-Kommunikation und Cybersicherheits-Awareness, wurde diese Methode weiterentwickelt. Denn wir sind überzeugt: Resilienz entsteht nicht allein durch Technik, sondern durch Verständnis, Kommunikation und Klarheit auf allen Ebenen.

Was Sie in den kommenden Kapiteln finden, ist deshalb keine abstrakte Theorie. Es ist ein strukturierter Weg, der Sie Schritt für Schritt vom ersten Risikoassessment bis zur langfristigen Verankerung von Cyberresilienz begleitet. Wir bieten Ihnen Beispiele, Vorlagen und konkrete Hilfestellungen an, die Sie direkt auf Ihr Unternehmen übertragen können. Ergänzt wird das Buch durch Prompts zur Nutzung Künstlicher Intelligenz, weil wir sehen, wie groß das Potenzial der Nutzung dieser Werkzeuge gerade für kleinere Unternehmen ist.

Wir wünschen Ihnen Mut und Klarheit für den Weg, der vor Ihnen liegt. Resilienz ist keine Eigenschaft, die man hat oder nicht hat. Sie ist etwas, das man mit dem richtigen Ansatz, der richtigen Unterstützung und dem festen Willen, sein Unternehmen sicher und zukunftsfähig aufzustellen entwickeln kann.

Sascha Maier
Sandra Aengenheyster

Inhaltsverzeichnis

1	**Einleitung**	1
2	**Ihr Weg zur Cyberresilienz in sechs Schritten**	9
	2.1 Schritt 1: Risiken verstehen – Ihre individuelle Bedrohungslage erfassen	9
	2.1.1 Welche Cyberrisiken betreffen mein Unternehmen?	9
	2.1.2 So leiten Sie konkrete Maßnahmen ab	10
	2.1.3 Werkzeuge und Vorlagen zur strukturierten Risikoanalyse	11
	2.2 Schritt 2: Maßnahmen strukturieren – Technik, Organisation, Mensch	13
	2.2.1 Technische, organisatorische und personelle Maßnahmen klar zuordnen	14
	2.2.2 Was macht Ihr IT-Dienstleister bereits? Was bleibt bei Ihnen?	17
	2.2.3 Ihr Maßnahmenplan – Logischer Fahrplan mit Priorisierung	17
	2.3 Schritt 3: Anforderungen kennen – Standards & Regulierung verstehen	18
	2.3.1 Wichtige Standards, Rahmenwerke und Regulierungen im Überblick	19
	2.3.2 Welche Vorgaben betreffen mein Unternehmen?	19

		2.3.3	Gap-Analyse – Wo stehen Sie und wie weit ist der Weg zum Ziel?	20
	2.4		Schritt 4: Stakeholder aktivieren – Ressourcen und Finanzierung klären	25
		2.4.1	Wer muss ins Boot, intern wie extern?	26
		2.4.2	Erste Kostenindikation & Budgetplanung	26
		2.4.3	Reifegrad: Ihre Ausgangslage im Abgleich mit dem Zielbild	27
	2.5		Schritt 5: Umsetzung steuern – Fortschritt messbar machen	28
		2.5.1	Statusfeststellung – Wo stehen Sie heute technisch?	28
		2.5.2	Tools & Technologien zur Überwachung Ihres Fortschritts	28
	2.6		Schritt 6: Projekt planen – Cyberresilienz nachhaltig verankern	29
		2.6.1	Der 3-Jahres-Fahrplan zur Umsetzung	29
		2.6.2	Iteration und Weiterentwicklung – Bedrohungen erkennen, Resilienz stärken	30
		2.6.3	Stakeholder aktivieren und Management einbinden	30
3	**Exkurse für die Praxis**			33
	3.1		Kommunikation im Krisenfall – Klar, schnell, wirksam	33
	3.2		Defense in Depth – Mehrschichtige Sicherheit richtig umsetzen	35
	3.3		Die sieben Schritte der Cyber Kill Chain	37
	3.4		Integration in die Unternehmensstruktur – Vom Silo zur Resilienzstrategie	39
	3.5		Cybersicherheits-Awareness – Wie Sie Menschen zu Mitstreiter:innen machen	41
	3.6		Forensik nach dem Vorfall – Was war, warum, was jetzt?	42
	3.7		Resilienz verstetigen – Mit Business Continuity Management (BCM) und Lessons Learned wachsen	44

Was Sie aus diesem *essential* mitnehmen können 47

Literatur/„Zum Weiterlesen" 49

Einleitung 1

Cyberresilienz als strategische Verantwortung verstehen
Sie können es sicher auch nicht mehr hören: Cyberangriffe gehören zur Realität des digitalen Alltags. Kein Unternehmen ist zu klein, zu unbedeutend oder zu spezialisiert, um ins Visier zu geraten. Ob es um Erpressung mit verschlüsselten Daten geht, den Ausfall von Produktionssystemen oder die Preisgabe vertraulicher Kundendaten, die Auswirkungen sind oft gravierend. Und sie treffen gerade jene Unternehmen besonders hart, die zwar digital arbeiten, aber keine systematische Sicherheitsstrategie verfolgen.

In dieser Situation braucht es mehr als bloße Cybersicherheit. Es braucht Resilienz, also die Fähigkeit, nicht nur Angriffe abzuwehren, sondern auch mit Vorfällen umzugehen, Schäden zu begrenzen und gestärkt daraus hervorzugehen. Cyberresilienz ist keine technische Disziplin, sie ist eine unternehmerische Verantwortung.

Dieses Buch richtet sich an alle, die sich dieser Verantwortung stellen wollen. Ob sie aus der IT kommen, als Geschäftsführer:in Entscheidungen treffen oder als Fachverantwortliche:r Prozesse mitgestalten. Besonders angesprochen sind Menschen im Mittelstand, die vielleicht keine eigene Sicherheitsabteilung haben, aber dennoch nicht mehr länger warten oder tatenlos bleiben wollen. Und IT-Fachkräfte auf dem Weg zur strategischen Verantwortung, die Cybersicherheit nicht nur technisch, sondern ganzheitlich denken möchten.

Was Sie hier erwartet ist kein Theorieband. Es ist ein praktischer Leitfaden. Schritt für Schritt zeigen wir Ihnen, wie Sie auch ohne großes Budget, Spezialwissen oder externe Beraterarmee den Weg zur Cyberresilienz gehen können. Dabei begleiten wir Sie durch sechs zentrale Schritte: vom Erkennen der Risiken über die Strukturierung von Maßnahmen und die Berücksichtigung rechtlicher Vorgaben bis

© Der/die Autor(en), exklusiv lizenziert an Springer Fachmedien Wiesbaden GmbH, ein Teil von Springer Nature 2025
S. Maier und S. Aengenheyster, *Cyberresilienz in der Praxis*, essentials,
https://doi.org/10.1007/978-3-658-49237-3_1

zur Planung, Umsetzung und langfristigen Verankerung einer widerstandsfähigen Sicherheitsstrategie.

Wir nutzen in diesem Buch ein fiktives Unternehmen, an dem wir exemplarisch zeigen, wie sich diese Schritte in der Praxis umsetzen lassen: Die HANSTECH Fiktiv GmbH. Dabei greifen wir auf Vorlagen, Werkzeuge und erprobte Methoden zurück, die Sie über die Website https://awareness4you.de/cyberresilienz-downloads direkt nutzen können.[1] Dort finden Sie auch das ausführliche Profil unseres fiktiven Unternehmens. Ergänzt wird das Ganze durch konkrete Prompts zur Nutzung von KI-Assistenzsystemen, mit denen Sie einzelne Aufgaben vom Risikoassessment bis zur Berichterstattung an die Geschäftsführung effizienter bewältigen können.

Unsere Meinung dazu ist klar: Cyberresilienz ist keine Frage der Unternehmensgröße, sondern der Haltung. Wer bereit ist, Verantwortung zu übernehmen, kann auch mit überschaubaren Mitteln viel erreichen. Und wer beginnt, wird schnell merken: Der Weg zur Resilienz ist machbar und ein Gewinn für Sicherheit, Vertrauen und Zukunftsfähigkeit.

Cyberresilienz im Vergleich zur Cybersicherheit
Die Begriffe „Cyberresilienz" und „Cybersicherheit" klingen ähnlich, meinen aber Unterschiedliches. Während sich Cybersicherheit darauf konzentriert, Computer und Netzwerke möglichst gut vor Angriffen zu sichern, betrachtet Cyberresilienz das große Ganze: Sie sorgt dafür, dass ein Unternehmen selbst dann weiterarbeiten kann, wenn es zu einem Angriff kommt.

Cyberresilienz beschränkt sich also nicht nur auf Schutzmaßnahmen wie Firewalls oder Passwörter. Sie umfasst auch klare Pläne für den Ernstfall, Schulungen für die Mitarbeitenden und eine offene Kommunikation über Sicherheitsthemen. Ziel ist es, dass das Unternehmen auch nach einem Vorfall schnell wieder handlungsfähig ist und seinen Betrieb fortführen kann. Cyberresilienz bedeutet somit, flexibel auf Bedrohungen zu reagieren und selbst im Krisenfall nicht auszufallen.

Stellen wir uns vor, eine Cyber-Attacke ist wie eine Überschwemmung, die ein Unternehmen bedroht.

Im Rahmen der Cybersicherheit, dem reaktiven Teil, werden Maßnahmen ergriffen, die während eines Angriffs greifen. Beispiele:

- **Wasserpumpen:** Sie entfernen eindringendes Wasser, um Schäden zu minimieren.

---

[1] Um den Zugang zu den Prompts und Downloads zu erhalten, geben Sie bitte das Passwort „downloads-oeffnen" ein.

1 Einleitung

- **Sandsäcke:** Sie werden kurzfristig eingesetzt, um Wasserbarrieren zu errichten.
- **Notstromaggregate:** Sie sichern die Energieversorgung während des Notfalls.

Diese Maßnahmen sollen während einer Überschwemmung Leben retten und Schäden minimieren. Doch sie sind rein reaktiv und haben außerhalb des unmittelbaren Notfalls keine Funktion.

Cyberresilienz hingegen umfasst alle Maßnahmen, die vor, während und nach einer Bedrohung die Widerstandsfähigkeit des Unternehmens steigern. Dazu gehören unter anderem:

- **Bau von Deichen und Dämmen:** Sie verhindern das Eindringen von Wasser bereits im Vorfeld.
- **Regelmäßige Inspektionen der Hochwasserschutzanlagen:** Sie stellen sicher, dass alle Schutzmaßnahmen intakt und funktionsfähig sind.
- **Erstellung und Kommunikation von Evakuierungsplänen:** Mitarbeitende wissen genau, wie sie sich im Ernstfall verhalten sollen und an wen sie sich wenden können.
- **Schulungen für Hochwasserschutzbeauftragte:** Spezialisierte Mitarbeitende sind für den Ernstfall vorbereitet.
- **Regelmäßige Notfallübungen:** Sie gewährleisten, dass alle Beteiligten die Abläufe im Krisenfall kennen und praktisch einüben.
- **Entwicklung eines Krisenmanagement-Plans:** Er definiert die Schritte zur schnellen Wiederherstellung des Normalbetriebs nach einer Überschwemmung.
- **Formulierung von Business-Continuity-Maßnahmen:** Strategien, um den Geschäftsbetrieb auch während und nach einer Krise aufrechtzuerhalten.

Finden Sie hier zunächst eine inhaltliche Übersicht über die einzelnen Schritte, die wir im Buch erläutern sowie den Inhalt und das jeweilige Ziel, das in diesem Schritt erarbeitet wird [Abb. 1.1]:

> **Methodenhinweis**
> **Ein neuer Weg: Mit KI zur Cyberresilienz. Bewusst, praxisnah, hybrid**
> Mit diesem Buch beschreiten wir gemeinsam mit Ihnen einen neuen, hybriden Weg: Sie erhalten neben einer strukturierten Anleitung zur Resilienzstrategie Prompts, mit denen Sie Künstliche Intelligenz gezielt einsetzen können, etwa für Risikoanalysen, die Erarbeitung von Maßnahmenplänen

	Inhalt	Ziel
Schritt **Risiken verstehen** ①	Transparenz ist erstellt, die wesentlichen Geschäftsprozesse sind erfasst, Cyberrisiken eingeschätzt und die wichtigsten Bedrohungen identifiziert.	Die Organisation kennt ihre kritischen Bereiche und versteht die potenziellen Auswirkungen von Cyberangriffen.
Schritt **Maßnahmen strukturieren** ②	Bestehende Sicherheitsmaßnahmen sind einem klaren System zugeordnet, blinde Flecken aufgedeckt und Verantwortlichkeiten geklärt.	Die Sicherheitsmaßnahmen sind transparent, überprüfbar und gezielt weiterentwickelbar.
Schritt **Anforderungen kennen** ③	Gesetzliche, regulatorische und branchenspezifische Vorgaben sind identifiziert und auf Relevanz für das Unternehmen geprüft.	Alle relevanten Pflichten sind bekannt, und rechtliche Risiken werden minimiert.
Schritt **Stakeholder aktivieren** ④	Interne und externe Beteiligte sind eingebunden, Ressourcen benannt und der aktuelle Reifegrad analysiert.	Die notwendige Unterstützung ist gesichert, und ein realistisches Zielbild wurde definiert.
Schritt **Umsetzung steuern** ⑤	Der Fortschritt ist messbar gemacht, geeignete Werkzeuge sind im Einsatz und der Status regelmäßig überprüft.	Maßnahmen greifen, Fortschritte werden sichtbar und Steuerungsbedarf kann früh erkannt werden.
Schritt **Projekt planen** ⑥	Die langfristige Umsetzung ist geplant, Weiterentwicklung verankert und Stakeholder dauerhaft eingebunden.	Cyberresilienz ist nachhaltig im Unternehmen etabliert.

Kostenlose Prompts und Vorlagen zu jedem Schritt finden Sie auf der Webseite https://awareness4you.de/cyberresilienz-downloads. Passwort: downloads-oeffnen

Abb. 1.1 Inhaltsübersicht Cyberresilienz in der Praxis. (Eigene Darstellung)

oder die Kommunikation mit Stakeholdern. Diese Prompts stellen wir Ihnen auf awareness4you.de frei editierbar, anpassbar an Ihre Bedürfnisse und jederzeit erweiterbar zur Verfügung.

Ein bewusster Umgang mit Künstlicher Intelligenz
Die Nutzung von KI-Tools bietet enormes Potenzial, sofern sie verantwortungsvoll erfolgt. Deshalb möchten wir Ihnen vorab einige grundsätzliche Hinweise mitgeben:

1. **Verantwortung bleibt beim Menschen**
   Lassen Sie sich von KI unterstützen, aber treffen Sie Entscheidungen selbst. Analysen, Vorschläge oder Texte sollten immer kritisch geprüft, angepasst und in den eigenen Kontext eingeordnet oder entsprechend angepasst werden.
2. **Datenschutz ernst nehmen**
   Teilen Sie **keine sensiblen Unternehmensdaten, personenbezogenen Informationen** oder vertraulichen Details in öffentlich zugänglichen KI-Modellen. Achten Sie auf die Datenschutzbestimmungen des Werkzeugs oder der Plattform, die Sie verwenden.
3. **Interne Regeln beachten**
   Nutzen Sie KI-Tools nur in Übereinstimmung mit den Richtlinien Ihres Unternehmens. Klären Sie, ob und wie der Einsatz erlaubt ist, bevor Sie starten. Besonders in regulierten Branchen kann dies enorm relevant sein.
4. **Prompt ist nicht gleich Prompt**
   Die Prompts, die wir Ihnen zur Verfügung stellen, sind Vorschläge. Sie können sie 1:1 übernehmen oder anpassen, verbessern, erweitern.[2] KI-Modelle entwickeln sich stetig weiter. Je besser Sie verstehen, wie ein Prompt funktioniert, desto gezielter können Sie Ergebnisse steuern.
5. **Qualität durch Kontext**
   Je konkreter Sie den KI-Modellen beschreiben, was Sie möchten, desto brauchbarer werden die Ergebnisse. Reine Schlagworte führen selten zum Ziel. Erläutern Sie vielmehr Hintergründe, Ziele, Zusammenhänge.

---

[2] Senden Sie uns auch gerne Ihr Feedback oder Alternativvorschläge an cyberresilienz@awareness4you.de.

6. **KI ist keine Suchmaschine**
    Tools wie ChatGPT sind darauf trainiert, Texte zu generieren und nicht, aktuelle Fakten zu liefern. Sie greifen nicht (immer) live auf das Internet zu, sondern arbeiten mit einem vortrainierten Wissensstand. Das bedeutet: Inhalte können plausibel klingen, aber veraltet oder faktisch falsch sein. KI-Tools sind kein Ersatz für Recherche (dafür gibt es gesonderte Plattformen), können aber hervorragend als Unterstützung zur Strukturierung, Formulierung und Ideenfindung genutzt werden.
7. **Lernen, ausprobieren, verbessern**
    Sehen Sie den Einsatz von KI als eigene Lernreise. Testen Sie, vergleichen Sie Ergebnisse verschiedener Plattformen und sprechen Sie mit Kolleg:innen.

Zusätzliche Hinweise für den Einstieg

- **Vermeiden Sie Automatismus:** Lassen Sie sich nicht durch glatt formulierte Antworten blenden. Auch KI kann sich irren und oft tut sie das erschreckend überzeugend.
- **Speichern Sie Ihre Prompts und Ergebnisse:** Dokumentieren Sie, mit welchen Formulierungen Sie gearbeitet haben. So lassen sich gute Ergebnisse wiederholen, auch teilen und für andere nachvollziehen.
- **Nutzen Sie geschlossene Systeme, wenn möglich:** Wenn Ihr Unternehmen eine eigene, geschützte KI-Plattform betreibt, nutzen Sie diese statt öffentlicher Tools. So schützen Sie Ihre Daten zusätzlich.
- **Bleiben Sie kritisch gegenüber Quelle und Inhalt:** Viele KI-Modelle basieren auf Trainingsdaten, die nicht transparent sind. Sie bieten oft plausible, aber nicht immer korrekte Antworten. KI-Modelle sind darauf trainiert zu antworten. Falls sie keine Antwort finden, „erfinden" sie diese oder „halluzinieren". Das bedeutet, dass das KI-Modell scheinbar glaubwürdige, aber tatsächlich falsche oder frei erfundene Informationen als Antwort liefert.

Künstliche Intelligenz ist also kein Wundermittel, aber bewusst und strategisch eingesetzt ein mächtiges Werkzeug. Dieses Buch unterstützt Sie dabei, die zur Verfügung stehende Technik sinnvoll in Ihre eigenen Prozesse zu integrieren. Neben den Prompts als Hilfestellung und Lernmaterial bleiben Ihr Wissen, Ihre Erfahrung und Ihr Urteil unersetzlich.

1 Einleitung

> Quellen, die Ihnen helfen Prompt Engineering zu lernen und zu verstehen, finden Sie unter awareness4you.de.[3]

---

[3] Die in diesem Buch und auf der Webseite awareness4you.de wurden mit ChatGPT Version 4o (Plus) erstellt.

Ihr Weg zur Cyberresilienz in sechs Schritten 2

2.1 Schritt 1: Risiken verstehen – Ihre individuelle Bedrohungslage erfassen

Cyberresilienz beginnt mit einem ehrlichen Blick nach innen. Wer nicht weiß, wo die eigenen Schwachstellen liegen oder den Kopf in den Sand steckt, kann sie auch nicht beheben. Deshalb steht am Anfang die Auseinandersetzung mit den Risiken, die Ihr Unternehmen bedrohen. Nicht abstrakt, sondern ganz konkret: Welche Prozesse sind kritisch? Welche Daten sind besonders sensibel und überlebensnotwendig? Welche IT-Systeme sind unverzichtbar für Ihr Tagesgeschäft?

In vielen Unternehmen existiert dieses Wissen nur fragmentiert, oft verteilt auf verschiedene Abteilungen oder nicht dokumentiert. Ziel des ersten Schrittes ist es, Transparenz und ein gemeinsames Bild zu schaffen über das, was geschützt werden muss (Daten, Informationen etc.), über die Bedrohungen, denen Ihr Unternehmen und diese Schutzziele ausgesetzt sind und über die Schwachstellen, die diese Bedrohungen begünstigen. Auf dieser stabilen Grundlage lassen sich fundierte Maßnahmen entwickeln.

2.1.1 Welche Cyberrisiken betreffen mein Unternehmen?

Cyberrisiken sind so vielfältig wie die Unternehmen, die sie betreffen. Trotzdem lassen sich Muster und Trends erkennen. Der Verlust sensibler Daten durch Phishing, der Ausfall von Systemen durch Schadsoftware oder der Missbrauch

---

© Der/die Autor(en), exklusiv lizenziert an Springer Fachmedien Wiesbaden GmbH, ein Teil von Springer Nature 2025
S. Maier und S. Aengenheyster, *Cyberresilienz in der Praxis*, essentials,
https://doi.org/10.1007/978-3-658-49237-3_2

von Benutzerkonten sind Szenarien, die in der Praxis regelmäßig vorkommen. Die entscheidende Frage lautet daher: Welche dieser Risiken sind für Ihr Unternehmen tatsächlich relevant?

Um das herauszufinden, lohnt sich ein Perspektivwechsel. Versetzen Sie sich in die Rolle eines Angreifers oder einer Angreiferin. Wo würde es sich lohnen, anzusetzen? Welche Systeme oder Daten könnten Sie mit einem Angriff manipulieren oder stehlen? Und was würde im Unternehmen passieren, wenn genau das gelingt?

Typische Risiken betreffen die IT und die gesamte Organisation: Wenn ein Mitarbeitender auf eine gefälschte E-Mail hereinfällt und seine Zugangsdaten preisgibt, ist das keine rein technische Schwäche. Es ist ein Zusammenspiel aus mangelnder Sensibilisierung, unklaren Prozessen und fehlenden technischen Schutzmaßnahmen.

Vor allem im Mittelstand ist es wichtig, sich nicht von der eigenen Größe täuschen zu lassen. Auch wenn Sie nicht als sogenannte kritische Infrastruktur gelten, sind Sie nicht automatisch weniger gefährdet. Angriffe erfolgen häufig automatisiert und breit gestreut. Sie treffen also alle, die schlecht vorbereitet sind, nicht nur die Großen.

Es ist deshalb hilfreich, sich systematisch zu fragen, was in Ihrem Unternehmen besonders schützenswert ist, worauf diese Werte angewiesen sind und durch welche realistischen Bedrohungen sie gefährdet sein könnten. So entsteht ein belastbares Bild Ihrer individuellen Risikolage.

2.1.2 So leiten Sie konkrete Maßnahmen ab

Das Wissen um Risiken muss nun in konkretes Handeln übersetzt werden. Und der Weg dahin ist einfacher, als viele denken, wenn man ihn strukturiert geht.

Beginnen Sie mit einem konkreten Risiko, zum Beispiel der Gefahr des Verlustes von Kundendaten durch Phishing. Überlegen Sie, was passieren würde, wenn dieser Fall eintritt. Wie groß wäre der Schaden? Welche Prozesse wären betroffen? Welche rechtlichen Folgen müssten Sie befürchten? Und vor allem: Was sind die Ursachen, die so ein Szenario überhaupt ermöglichen?[1]

In unserem Beispiel könnte es daran liegen, dass Mitarbeitende nicht ausreichend geschult sind, um Phishing zu erkennen. Vielleicht fehlt auch ein

---

[1] Eine wertvolle Grundlage für die IT-Sicherheit ist der IT-Grundschutz des Bundesamtes für Sicherheit in der Informationstechnik, BSI: https://www.bsi.bund.de/DE/Themen/Untrehmen-und-Organisationen/Standards-und-Zertifizierung/IT-Grundschutz/it-grundschutz_node.html. Zugegriffen 17.06.2025.

2.1 Schritt 1: Risiken verstehen – Ihre individuelle …

zweiter Sicherheitsfaktor beim Login, der den unbefugten Zugriff erschwert. Vage Zielsetzungen wie „IT-Sicherheit verbessern" reichen nicht, es braucht präzise Schritte und Maßnahmen. Eine Maßnahme könnte es zum Beispiel sein, alle Mitarbeitenden verpflichtend in den nächsten drei Monaten zu schulen und bei kritischen Zugängen eine Mehrfaktor-Authentifizierung für 100 % der Zugänge einzuführen.

Achten Sie darauf, dass die Maßnahmen realistisch und umsetzbar sind. Sie müssen fachlich, personell und finanziell zum Unternehmen passen. Gleichzeitig sollten sie messbar sein (und auch gemessen werden), damit Sie später beurteilen können, ob die erwünschte Wirkung erzielt wurde.

Besonders wirksam sind Maßnahmen, wenn sie drei Ebenen gleichzeitig berücksichtigen: Technik, Organisation und Mensch[2]. Eine technische Lösung ohne klare Prozesse wird nicht greifen. Umgekehrt bringen organisatorische Vorgaben wenig, wenn die Technik nicht mitzieht oder das Personal nicht sensibilisiert ist. Schlussendlich sind sowohl technische wie organisatorische Maßnahmen wirkungslos, wenn sie von den Menschen im Unternehmen nicht verstanden oder ignoriert werden, z. B. weil sie nicht in den Arbeitsalltag passen oder viel zu umständlich sind.[3]

Was nach viel Aufwand klingt, lässt sich in der Praxis gut strukturieren. Sobald Sie ein Risiko analysiert haben, beschreiben Sie die passenden Gegenmaßnahmen, legen Zuständigkeiten fest und definieren Prioritäten. Damit entsteht Schritt für Schritt ein fundierter, für Ihre konkrete Bedrohungslage maßgeschneiderter Maßnahmenkatalog.

2.1.3 Werkzeuge und Vorlagen zur strukturierten Risikoanalyse

Eine strukturierte Risikoanalyse muss nicht kompliziert sein, aber sie braucht eine klare Methodik. Gerade wenn Sie das Thema zum ersten Mal systematisch angehen, helfen standardisierte Vorlagen und Werkzeuge dabei, den Überblick zu behalten und die richtigen Fragen zu stellen. Ziel der Analyse ist es, Informationen aus verschiedenen Bereichen Ihres Unternehmens zusammenzuführen:

---

[2] Aengenheyster, S. (2024): **Cyberresilienz als ganzheitliche Managementaufgabe**. Yeebase media Gmbh, Hannover. Zugegriffen 17.06.2025.
[3] Siehe auch Exkurs 5: Cybersicherheits-Awareness. Wie Sie Menschen zu Mitstreiter:innen machen.

Technik, Prozesse, Zuständigkeiten, Datenflüsse, Schwachstellen. Daraus entsteht ein Gesamtbild, das die Grundlage für Ihre Resilienzstrategie bildet.

Ein bewährter Einstieg ist die **Inventur Ihrer IT-Assets und Geschäftsprozesse.** Dabei geht es nicht nur um eine technische Liste von Servern und Software. Entscheidend ist es, den Gesamtzusammenhang zu erfassen: Welche Prozesse hängen an welchen Systemen? Welche Daten fließen wo, wie und wohin? Und was passiert, wenn genau an diesen Schnittstellen etwas ausfällt oder kompromittiert wird? Dies gilt selbstverständlich nicht nur für unternehmensinterne Schnittstellen, sondern auch und insbesondere für solche, die mit externen Systemen oder Schnittstellen operieren.

Sobald Sie diese Basis erfasst haben, können Sie im nächsten Schritt mit einer **Risiko-Matrix** arbeiten. Diese stellt gegenüber, wie wahrscheinlich bestimmte Bedrohungsszenarien sind und wie hoch und relevant der Schaden wäre, wenn sie eintreten. So erkennen Sie schnell, welche Risiken Sie zuerst angehen sollten. Wichtig dabei: Die Einschätzung muss realistisch sein. Es geht nicht um Panikmache, sondern um eine fundierte Bewertung, die auch bei der Kommunikation mit der Unternehmensführung Bestand hat.

Ein weiterer wichtiger Bestandteil ist die **Erfassung von Schwachstellen.** Oft ist nicht der Angriff das Problem, sondern die fehlende Vorbereitung zum Schutz. Wenn Mitarbeitende keine Awareness-Schulungen erhalten haben oder Notfallpläne fehlen, steigt das Risiko für Schäden drastisch. Auch hier helfen Transparenz und Dokumentation, um systematisch zu dokumentieren, wo Sicherheitslücken bestehen und wer im Unternehmen Verantwortung trägt, sie zu schließen.

Neben diesen Kernbausteinen können **Checklisten für typische Bedrohungsszenarien, Tabellen für Maturitätsbewertungen** oder **Fragebögen für Fachabteilungen** den Prozess deutlich beschleunigen. Sie sorgen dafür, dass nichts vergessen wird und dass auch weniger technikaffine Bereiche wie Personal, Einkauf oder Vertrieb sinnvoll eingebunden werden.

Für viele dieser Schritte bieten wir auf der Website **awareness4you.de** editierbare Vorlagen an. So können Sie direkt loslegen. Die Erfahrung zeigt: Sobald eine saubere Erhebung vorliegt, fällt es Unternehmen wesentlich leichter, Entscheidungen zu treffen und Ressourcen gezielt zu bündeln.

Denken Sie daran: Die Risikoanalyse ist keine einmalige Aktivität. Sie bildet den Ausgangspunkt für Ihre Strategie, aber sie lebt davon, regelmäßig aktualisiert zu werden. Märkte ändern sich, Technologien entwickeln sich weiter, Bedrohungen passen sich an. Wer Resilienz ernst meint, muss selbst aufmerksam, informiert und in Bewegung bleiben (Abb. 2.1).

2.2 Schritt 2: Maßnahmen strukturieren – Technik …

Abb. 2.1 Risikomatrix für das fiktive Unternehmen HANSTECH Fiktiv GmbH. (Eigene Darstellung)

Kostenlose Prompts und Vorlagen zu jedem Schritt finden Sie auf der Webseite https://awareness4you.de/cyberresilienz-downloads. Passwort: downloads-oeffnen

2.2 Schritt 2: Maßnahmen strukturieren – Technik, Organisation, Mensch

Nachdem Sie die Risiken für Ihr Unternehmen erkannt und bewertet haben, folgt nun der zweite Schritt auf dem Weg zur Cyberresilienz: Sie entwickeln konkrete Maßnahmen, um diesen Risiken zu begegnen und strukturieren sie sinnvoll. Viele Unternehmen stolpern an dieser Stelle, weil sie entweder zu viel auf einmal wollen oder keinen Überblick über den Fortschritt bereits etablierter oder in Bearbeitung befindlicher Maßnahmen haben. Die Folge ist, dass Einzelmaßnahmen isoliert bleiben, keinen spürbaren Fortschritt bringen oder doppelt durchgeführt werden.

In diesem Schritt schaffen Sie Ordnung. Sie kategorisieren Maßnahmen nach Themenfeldern, klären Zuständigkeiten und legen fest, was in welcher Reihenfolge umgesetzt werden soll. So entsteht ein belastbarer Fahrplan, der Ihnen und allen Beteiligten Orientierung gibt.

2.2.1 Technische, organisatorische und personelle Maßnahmen klar zuordnen

Wie bereits festgestellt, basiert ein effektives Sicherheitskonzept auf dem Zusammenspiel von Technik, Organisation und Mensch. Wenn eines dieser Elemente fehlt oder unterentwickelt ist, entstehen Schwachstellen, ganz gleich, wie modern Ihre Firewall ist oder wie klar Ihre Prozesse auf dem Papier aussehen.

Technische Maßnahmen umfassen typischerweise Schutzmechanismen wie Firewalls, Virenschutz, Zugriffskontrollen oder die Verschlüsselung sensibler Daten. Hier geht es um konkrete Lösungen, die Systeme absichern und automatisiert Bedrohungen abwehren können. Doch Technik allein genügt nicht.

Organisatorische Maßnahmen regeln, **wie** Ihr Unternehmen mit Sicherheit umgeht: Wer ist für was zuständig? Welche Prozesse greifen bei einem Vorfall? Gibt es ein Sicherheitskonzept, eine Richtlinie für den Umgang mit Daten, ein Freigabeverfahren für neue Software? Diese Regeln schaffen Struktur und verhindern, dass Sicherheitsmaßnahmen dem Zufall überlassen werden.

Die dritte Säule betrifft die Mitarbeitenden. Personelle Maßnahmen betreffen deren Verhalten, Kompetenz und Sensibilität. Schulungen, Awareness-Kampagnen, klare Kommunikationswege im Notfall. All das trägt dazu bei, dass Menschen nicht zur Schwachstelle, sondern zur aktiven Verteidigungskomponente werden.

Wenn Sie Maßnahmen entwickeln, ordnen Sie sie immer einer dieser drei Kategorien zu. Das schafft Klarheit und Transparenz und zeigt schnell, wo Lücken bestehen oder Maßnahmen einseitig verteilt sind. Eine gut abgesicherte IT bringt wenig, wenn Mitarbeitende regelmäßig auf Phishing-Mails hereinfallen oder niemand weiß, wer im Ernstfall die Verantwortung trägt.

Für unser fiktives Unternehmen HANSTECH Fiktiv GmbH kann die erste Analyse bis zu diesem Schritt in der Übersicht und stark vereinfacht folgendermaßen aussehen (Tab. 2.1).

2.2 Schritt 2: Maßnahmen strukturieren – Technik …

Tab. 2.1 Liste Bedrohungen, typische Schwachstellen, Zuordnung Kategorie technische, organisatorische und personelle Maßnahmen. (Eigene Darstellung)

Bedrohung	Typische Schwachstellen	Kategorie Schwachstelle	Mögliche Auswirkung	Eintrittswahrscheinlichkeit	Priorität
Phishing-Angriff auf Mitarbeitende	Mangelndes Bewusstsein für Social Engineering; keine MFA aktiviert	Menschlich	Hoch	Hoch	1
Ransomware über infizierten E-Mail-Anhang oder Remote-Zugriff	Unzureichender E-Mail-Filter; keine Netzwerksegmentierung; ungeschützte Endgeräte	Technisch	Hoch	Mittel	1
Diebstahl oder Verlust mobiler Endgeräte	Fehlende Verschlüsselung; keine Mobile Device Management (MDM)-Lösung	Technisch/ organisatorisch	Mittel	Hoch	1
Manipulation oder Sabotage von OT-Systemen	Veraltete Systeme ohne Sicherheitsupdates; keine Trennung von IT- und OT-Netz	Technisch	Hoch	Mittel	1
Externe Dienstleister als Einfallstor	Unklare Verantwortlichkeiten; fehlendes Sicherheits-Monitoring der Dienstleister	Organisatorisch	Hoch	Mittel	1

(Fortsetzung)

Tab. 2.1 (Fortsetzung)

Bedrohung	Typische Schwachstellen	Kategorie Schwachstelle	Mögliche Auswirkung	Eintrittswahrscheinlichkeit	Priorität
Datenabfluss durch interne Täter (z. B. unzufriedene Mitarbeitende)	Keine oder unzureichende Zugriffskontrollen; fehlende Sensibilisierung	Menschlich/ organisatorisch	Hoch	Niedrig	2
Fehlkonfiguration von Cloud-Diensten	Mangelndes Know-how; fehlende Überprüfung sicherheitsrelevanter Einstellungen	Technisch	Mittel	Mittel	2
Verlust von Konstruktionsdaten durch fehlerhafte Backup-Strategie	Kein regelmäßiger Restore-Test; keine geografisch getrennte Sicherung	Technisch/ organisatorisch	Hoch	Niedrig	3

2.2.2 Was macht Ihr IT-Dienstleister bereits? Was bleibt bei Ihnen?

Viele mittelständische Unternehmen arbeiten mit externen IT-Dienstleistern zusammen, z. B. für Infrastruktur, Support oder auch für Sicherheitslösungen. Das ist sinnvoll, entbindet Sie aber nicht von der eigenen Verantwortung. Gerade im Bereich der Cybersicherheit ist es entscheidend zu verstehen, wo die Aufgaben des Dienstleisters enden und wo Sie selbst aktiv werden müssen.

Der erste Schritt ist eine saubere Klärung der Zuständigkeiten. Fragen Sie konkret nach: Welche Schutzmaßnahmen sind bereits aktiv? Welche Monitoring- und Backup-Systeme laufen automatisiert? Wer wird im Fall eines Vorfalls informiert und wer entscheidet dann, was zu tun ist?

Nicht jeder IT-Dienstleister bietet proaktiv Sicherheitslösungen an. Manche reagieren nur auf technische Probleme, andere kümmern sich auch um präventive Absicherung. Oft gibt es eine Grauzone, in der nicht klar ist, ob ein Thema wie Awareness-Training oder Notfallkommunikation noch „IT" ist oder bereits ins strategische Risikomanagement fällt.

Deshalb lohnt sich ein Gespräch auf Augenhöhe. Klären Sie gemeinsam, welche Maßnahmen bereits abgedeckt sind, welche ergänzt werden sollten und wo Ihr Unternehmen intern Kompetenzen aufbauen oder nachrüsten muss. Dabei geht es nicht um Kontrolle, sondern um Zusammenarbeit. Externe Partner können viel leisten, aber nur, wenn das Unternehmen selbst die Richtung vorgibt.

2.2.3 Ihr Maßnahmenplan – Logischer Fahrplan mit Priorisierung

Sobald die Maßnahmen identifiziert und zugeordnet sind, gilt es, sie in einen umsetzbaren Plan zu überführen. Dabei ist es hilfreich, sich nicht an theoretischen Perfektionsmodellen zu orientieren, sondern an Ihrem konkreten Risiko und an den verfügbaren Ressourcen (finanzielle Ressourcen, Personal etc.).

Stellen Sie die Maßnahmen in eine sinnvolle Reihenfolge. Beginnen Sie mit denjenigen, die entweder besonders dringend oder besonders einfach umzusetzen sind. Kombinieren Sie sogenannte Quick Wins mit langfristigen Projekten. Eine einfache Zugangskontrolle ist möglicherweise schneller realisiert als ein längerfristiges, unternehmensweites Awareness-Programm, bringt aber sofort sichtbaren Nutzen.

Legen Sie klare Verantwortlichkeiten und Zeiträume fest. Wer kümmert sich um welche Maßnahme? Bis wann soll sie umgesetzt sein? Was passiert, wenn sich Prioritäten verschieben, etwa durch neue Bedrohungen oder interne Veränderungen? Ein Maßnahmenplan ist kein starres Dokument, sondern ein lebendiger Fahrplan. Er muss gepflegt, überprüft und angepasst werden.

Am Ende dieses Schritts verfügen Sie über ein strukturiertes Maßnahmenpaket: klar formuliert, nach Themenfeldern sortiert, auf die Risiken Ihres Unternehmens abgestimmt. Das ist die Basis für Ihre operative Umsetzung und ein wichtiges Signal an alle Beteiligten, dass Cyberresilienz kein abstraktes Ziel ist, sondern ein konkreter Weg, den Sie gemeinsam Schritt für Schritt gestalten können.

2.3 Schritt 3: Anforderungen kennen – Standards & Regulierung verstehen

Viele Unternehmen starten Maßnahmen zur Cybersicherheit, ohne zu wissen, welchen Standards sie eigentlich genügen müssen oder wollen oder welche rechtlichen Anforderungen für sie gelten. Das führt oft dazu, dass viel Aufwand betrieben wird, ohne dass am Ende Sicherheit, Compliance oder Nachweisbarkeit gewährleistet sind. In diesem Schritt geht es darum, Orientierung zu schaffen: Welche Regeln gelten für Ihr Unternehmen? Was ist verpflichtend, was empfehlenswert? Und wie groß ist die Lücke zwischen dem, was Sie bereits tun, und dem, was notwendig wäre?

Es ist dabei wichtig, zwischen Standards und Regulierungen zu unterscheiden:

Standards sind anerkannte Vorgehensweisen, Leitlinien oder Normen, die häufig von Fachgremien oder Industrieverbänden entwickelt werden, wie etwa die ISO/IEC 27001 oder der BSI IT-Grundschutz. Sie geben Orientierung, wie ein bestimmtes Ziel, etwa ein effektives Informationssicherheitsmanagement, erreicht werden kann. Standards sind freiwillig, außer sie werden durch Verträge oder Gesetze bindend gemacht.

Regulierungen hingegen sind rechtlich verbindlich. Sie werden von staatlichen Stellen oder supranationalen Institutionen wie der EU erlassen. Unternehmen müssen diese Vorschriften einhalten, um Bußgelder, Haftung oder Reputationsschäden zu vermeiden. Beispiele sind die NIS-2-Richtlinie[4] oder der Cyber Resilience Act (CRA)[5].

---

[4] Europäische Union, NIS2-Richtlinie: neue Vorschriften für die Cybersicherheit von Netz- und Informationssystemen, https://digital-strategy.ec.europa.eu/de/policies/nis2-directive. Zugegriffen 17.06.2025.

[5] Europäische Union, Verordnung (EU) 2024/2847 des Europäischen Parlaments und des Rates vom 23. Oktober 2024 über horizontale Cybersicherheitsanforderungen für Produkte

2.3 Schritt 3: Anforderungen kennen – Standards …

Verständnis und Einhaltung von Standards und Regulierungen sind für Ihre eigene Planung wichtig und ebenso für die Argumentation gegenüber Stakeholdern. Denn wer Compliance-Vorgaben ignoriert, riskiert Strafgelder oder den Verlust von Partnern und Kund:innen. Wer sie kennt, kann gezielt handeln und Sicherheit mit System umsetzen.

2.3.1 Wichtige Standards, Rahmenwerke und Regulierungen im Überblick

In der Praxis begegnen Unternehmen immer wieder denselben Rahmenwerken, ganz unabhängig davon, ob sie gesetzlich dazu verpflichtet sind oder nicht.

Diese unterscheiden sich im Detail, folgen aber einer ähnlichen Logik: Sie strukturieren Sicherheitsmaßnahmen entlang von fünf Kernbereichen: Identifizieren, Schützen, Erkennen, Reagieren und Wiederherstellen. Das Ziel ist nicht nur Schutz, sondern Resilienz, also die Fähigkeit, mit Angriffen umzugehen und sich davon auch wieder zu erholen und den Regelbetrieb wieder aufnehmen zu können.

Für mittelständische Unternehmen empfiehlt es sich, sich an einem dieser Rahmenwerke zu orientieren. Nicht zwangsläufig, um eine Zertifizierung zu erlangen, sondern um eine systematische Herangehensweise zu entwickeln. Besonders der IT-Grundschutz eignet sich gut, weil er modular aufgebaut ist und viele Vorlagen für die Praxis liefert. Das NIST-Framework punktet durch Klarheit und einen klaren Reifegradansatz.[6]

2.3.2 Welche Vorgaben betreffen mein Unternehmen?

Neben allgemeinen Rahmenwerken existieren zahlreiche branchenspezifische oder rechtlich verpflichtende Vorgaben. Dazu zählen etwa die Datenschutz-Grundverordnung (DSGVO)[7], das IT-Sicherheitsgesetz[8], Anforderungen aus dem

---

mit digitalen Elementen und zur Änderung der Verordnungen (EU) Nr. 168/2013 und (EU) 2019/1020 und der Richtlinie (EU) 2020/1828 (Cyberresilienz-Verordnung), https://eur-lex.europa.eu/legal-content/DE/TXT/?uri=CELEX:32024R2847. Zugegriffen 17.06.2025.

[6] National Institute of Standards and Technology (NIST), Cybersecurity Framework, https://www.nist.gov/cyberframework, nur auf Englisch verfügbar. Zugegriffen 17.06.2025.

[7] https://eur-lex.europa.eu/eli/reg/2016/679/oj?locale=de. Zugegriffen 17.06.2025.

[8] https://www.bsi.bund.de/DE/Das-BSI/Auftrag/Gesetze-und-Verordnungen/IT-SiG/it_sig_node.html. Zugegriffen 17.06.2025.

Lieferkettensorgfaltspflichtengesetz[9] oder die NIS-2-Richtlinie der EU. Letztere wird viele Unternehmen in die Pflicht nehmen, die bislang von regulatorischen Anforderungen kaum betroffen waren.

Besonders relevant sind diese Vorgaben für Unternehmen mit bestimmten Merkmalen:

- Sie erbringen digitale Dienstleistungen oder sind Teil einer Lieferkette, die als kritisch eingestuft wird.
- Sie verarbeiten große Mengen personenbezogener Daten.
- Sie arbeiten mit öffentlichen Auftraggebern, Auftraggebern aus regulierten Branchen oder internationalen Kunden, die bestimmte Sicherheitsnachweise verlangen.

Auch wenn keine gesetzliche Pflicht zur Umsetzung eines bestimmten Rahmenwerkes besteht, sollten Sie prüfen, ob Ihre Kund:innen, Partner oder Investor:innen bestimmte Sicherheitsniveaus erwarten. Immer mehr Unternehmen verlangen Nachweise zur Cyberresilienz und dies nicht aus juristischer Notwendigkeit, sondern weil es Teil ihres eigenen Risikomanagements und ihrer Risikobewertung ist.

Ein strukturierter Überblick über die geltenden Vorgaben hilft Ihnen dabei, gezielt Prioritäten zu setzen. Dafür genügt oft eine einfache Tabelle: Welche Norm gilt? Ist sie rechtlich bindend oder freiwillig? Trifft sie auf Ihr Unternehmen zu? Und was bedeutet das konkret für Ihre Maßnahmen?[10] (Tab. 2.2).

2.3.3 Gap-Analyse – Wo stehen Sie und wie weit ist der Weg zum Ziel?

Sobald Sie wissen, welchen Standards oder Regulierungen Sie genügen wollen oder müssen, folgt der entscheidende Schritt: der Abgleich mit dem Status quo. Diese sogenannte Gap-Analyse zeigt Ihnen schwarz auf weiß, wo Sie bereits gut aufgestellt sind und wo noch Handlungsbedarf besteht.

---

[9] https://www.bmas.de/DE/Service/Gesetze-und-Gesetzesvorhaben/Gesetz-Unternehmerische-Sorgfaltspflichten-Lieferketten/gesetz-unternehmerische-sorgfaltspflichten-lieferketten.html. Zugegriffen 17.06.2025.

[10] Hilfreich ist hier auch die Zuordnungstabelle ISO zum IT-Grundschutz: Bundesamt für Sicherheit in der Informationstechnik (BSI), https://www.bsi.bund.de/SharedDocs/Downloads/DE/BSI/Grundschutz/IT-GS-Kompendium/Zuordnung_ISO_und_IT_Grundschutz_Edit_6.html?nn=128568. Zugegriffen 17.06.2025.

2.3 Schritt 3: Anforderungen kennen – Standards …

Tab. 2.2 Übersicht relevanter Rahmenwerke

Standard	Beschreibung	Herkunft	Gültigkeitsbereich
NIS2 (Netzwerk- und Informationssicherheitsrichtlinie)	Europäische Richtlinie mit Mindestanforderungen an Cybersicherheit für Unternehmen in kritischen Sektoren, inkl. Meldepflichten und Risikomanagement	Europäische Union	Verbindlich für Betreiber kritischer und wichtiger Infrastrukturen in der EU
NIST Cybersecurity Framework (CSF)	Freiwilliges Rahmenwerk mit fünf Kernfunktionen (Identify – identifizieren, Protect – schützen, Detect – entdecken, Respond – antworten, Recover – wiederherstellen) zur Verbesserung der Cybersicherheit	USA (National Institute of Standards and Technology)	International anerkannte bewährte Praxis, besonders in den USA verbreitet
IKT-Minimalstandard	Mindeststandard für Cybersicherheit in der Schweiz, speziell für Betreiber kritischer Infrastrukturen, basiert auf dem NIST CSF	Schweiz	Vorgabe für kritische Unternehmen und staatliche Stellen, Empfehlung auch für nicht regulierte Unternehmen
ISO/IEC 27001	Internationaler Standard für Informationssicherheits-Managementsysteme (ISMS), definiert systematische Prozesse für Risikomanagement und Notfallmanagement	Internationale Organisation für Normung (ISO)	Weltweit gültig, oft Voraussetzung für Compliance und Zertifizierungen
BSI IT-Grundschutz	Rahmenwerk mit Methoden und Maßnahmen zur Informationssicherheit für Unternehmen und Behörden	Deutschland (BSI – Bundesamt für Sicherheit in der Informationstechnik)	Besonders für Behörden, öffentliche Einrichtungen und KRITIS-Unternehmen in Deutschland empfohlen

(Fortsetzung)

Tab. 2.2 (Fortsetzung)

Standard	Beschreibung	Herkunft	Gültigkeitsbereich
CIS Controls	Set aus 18 bewährten Sicherheitsmaßnahmen zur Abwehr von Cyberangriffen	Center for Internet Security (USA)	International anwendbar, besonders für Unternehmen ohne eigene Sicherheitsstrategie
TISAX (Trusted Information Security Assessment Exchange)	Standard zur Informationssicherheit in der Automobilindustrie, basiert auf ISO 27001	Deutschland	Pflicht für Zulieferer und Partner der Automobilbranche
DSGVO (Datenschutz-Grundverordnung)	EU-Gesetzgebung zum Schutz personenbezogener Daten mit strengen Sicherheits- und Meldepflichten	Europäische Union	Gilt für alle Unternehmen, die personenbezogene Daten von EU-Bürger:innen verarbeiten
SWIFT Customer Security Programme (CSP)	Sicherheitsvorgaben für Finanzinstitute zur Absicherung internationaler Finanztransaktionen	SWIFT (Society for Worldwide Interbank Financial Telecommunication)	Verbindlich für Banken und Finanzdienstleister, die SWIFT nutzen
IEC 62443	Standard für die Cybersicherheit industrieller Steuerungssysteme (ICS), insbesondere für kritische Infrastrukturen	Internationale Elektrotechnische Kommission (IEC)	Industrie, Maschinenbau, Betreiber kritischer Infrastrukturen

(Fortsetzung)

Tab. 2.2 (Fortsetzung)

Standard	Beschreibung	Herkunft	Gültigkeitsbereich
ÖNORM A 7700	IT-Sicherheitsmanagementstandard mit Fokus auf Datenschutz, vergleichbar mit ISO 27001	Österreich	Vor allem für österreichische Unternehmen mit besonderen Datenschutzanforderungen
FINMA-Rundschreiben 08/21	Regulatorische Vorgaben zur Cybersicherheit für Schweizer Banken und Finanzdienstleister	Schweiz (FINMA – Eidgenössische Finanzmarktaufsicht)	Pflicht für Banken, Versicherungen und Finanzinstitute in der Schweiz

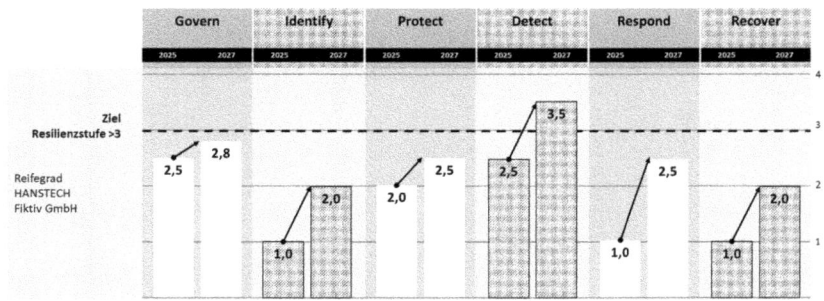

Abb. 2.2 Status quo und angestrebte Resilienzstufe. (Eigene Darstellung)

Eine gute Gap-Analyse ist kein Prüfbericht, sondern vielmehr ein Arbeitsinstrument. Sie hilft Ihnen dabei, den Überblick zu behalten, Fortschritte zu dokumentieren und Prioritäten zu setzen. Ideal ist es, wenn Sie dabei mit Reifegradmodellen arbeiten: also mit Stufen, die zeigen, ob ein Thema gar nicht, teilweise oder vollständig umgesetzt ist. So vermeiden Sie Schwarz-Weiß-Denken und können gezielt weiterentwickeln.

Besonders hilfreich ist es, die Analyse nicht allein durchzuführen, stattdessen im Team, etwa gemeinsam mit der IT, dem Datenschutz, der Geschäftsführung oder externen Partnern. Unterschiedliche Blickwinkel sorgen für ein realistisches Bild und verhindern blinde Flecken.

Am Ende dieser Analyse steht ein Maßnahmenpaket, das sich nicht nur an den Risiken orientiert (wie in Schritt 1), sondern auch an den externen Erwartungen. Damit schaffen Sie die Basis für ein belastbares Sicherheitskonzept und stärken zugleich Ihre Position gegenüber Partnern, Behörden und Kund:innen.

Beispiel für die managementgerechte Darstellung des Status quo und der angestrebten Resilienzstufe der HANSTECH Fiktiv GmbH anhand des NIST Cybersecurity Frameworks[11] (Abb. 2.2).

---

[11] Die PowerPoint-Vorlage erhalten Sie kostenlos auf https://awareness4you.de/cyberresilienz-downloads. Um den Zugang zu den Prompts und Downloads zu erhalten, geben Sie bitte das Passwort „downloads-oeffnen" ein.

2.4 Schritt 4: Stakeholder aktivieren – Ressourcen ...

Kostenlose Prompts und Vorlagen zu jedem Schritt finden Sie auf der Webseite https://awareness4you.de/cyberresilienz-downloads. Passwort: downloads-oeffnen

Linkliste zur Tabelle „Übersicht relevanter Rahmenwerke":

- https://digital-strategy.ec.europa.eu/en/policies/nis2-directive
- https://www.nist.gov/
- https://www.ncsc.admin.ch/ncsc/de/home/infos-fuer/infos-it-spezialisten/themen/ikt-minimalstandards.html
- https://www.iso.org/standard/27001
- https://www.bsi.bund.de/DE/Themen/Unternehmen-und-Organisationen/Standards-und-Zertifizierung/IT-Grundschutz/it-grundschutz_node.html
- https://www.cisecurity.org/controls
- https://www.enx.com/de-de/tisax/
- https://eur-lex.europa.eu/legal-content/DE/ALL/?uri=celex%3A32016R0679
- https://www.swift.com/myswift/customer-security-programme-csp
- https://webstore.iec.ch/en/publication/67461
- https://www.austrian-standards.at/de/shop/onorm-a-7700-4-2019-10-01~p2494137
- https://www.finma.ch/

2.4 Schritt 4: Stakeholder aktivieren – Ressourcen und Finanzierung klären

Cybersicherheit kostet Zeit, Geld, Aufmerksamkeit. Aber sie erspart auch Ausfallzeiten, Reputationsverluste, rechtliche Konsequenzen. Umso wichtiger ist es, die richtigen Personen frühzeitig einzubinden. Sicherheitsmaßnahmen scheitern oft nicht an der Technik, sondern an fehlender Unterstützung. In diesem Schritt holen Sie sich die Rückendeckung, die Sie brauchen: intern wie extern. Sie schaffen Transparenz über den Aufwand, argumentieren für Investitionen und schaffen damit die Voraussetzung für eine tragfähige Umsetzung.

2.4.1 Wer muss ins Boot, intern wie extern?

Cyberresilienz ist keine IT-Initiative. Sie ist ein strategisches Vorhaben, das alle Unternehmensbereiche und Teams betrifft. Deshalb sollten Sie von Anfang an über die eigene Abteilung hinausdenken. Wer sind die Schlüsselpersonen in Ihrem Unternehmen, ohne deren Mitwirkung keine Veränderung möglich ist (Ihre „Stakeholder")? Wer entscheidet über Budgets, Personal oder Prozesse?

Auf oberster Ebene gehört die Geschäftsführung dazu. Dort liegt letztendlich die unternehmerische Verantwortung für die Aufrechterhaltung des Geschäftsbetriebes. Für den Erfolg in der Umsetzung der Cybersicherheit und der Herstellung von Cyberresilienz muss die Geschäftsführung Vorbildfunktion ausüben und sichtbare Unterstützerin sein. Auch andere Fachbereiche spielen eine zentrale Rolle: Personal, wenn es um Schulungen geht. Einkauf, wenn neue Tools beschafft werden sollen. Produktion oder Entwicklung, wenn dort Systeme geschützt werden müssen. Und nicht zuletzt: der Datenschutz, die interne Revision oder externe Berater:innen, wenn es um regulatorische Anforderungen geht.

Einbindung bedeutet nicht, dass alle alles entscheiden sollen. Es heißt: informieren, einbinden, Verantwortung klären. Wer mitgenommen wird, ist später eher bereit, mitzutragen und zu unterstützen, wenn es kritisch wird.

2.4.2 Erste Kostenindikation & Budgetplanung

Ein häufiger Einwand gegen Sicherheitsmaßnahmen lautet: „Das kostet doch nur Geld." Tatsächlich ist Sicherheit eine Investition, aber eine, die sich im Ernstfall auszahlt. Deshalb braucht es eine realistische Einschätzung: Welche Maßnahmen stehen an? Was kosten sie? Und in welchem Verhältnis stehen diese Kosten zu potenziellen Schäden? Wie trägt die Investition positiv zur Unternehmensstrategie bei?

In der Praxis empfiehlt sich eine grobe Aufteilung: kurzfristige Maßnahmen mit geringem Aufwand (z. B. Schulung, Passwortregelung), mittelfristige Investitionen (z. B. neue Backup-Lösungen), langfristige Projekte (z. B. Notfallmanagement, Awareness-Programme).

Nicht alle Maßnahmen kosten sofort Geld. Viele verlangen vor allem Zeit für Planung, Abstimmung, Kommunikation. Auch diese Ressourcen sollten Sie einplanen. Idealerweise erstellen Sie eine einfache Übersicht, die zeigt: Wo liegen die größten Hebel? Welche Risiken adressieren wir mit welcher Maßnahme? Und was kostet das jeweils?

Solch eine Übersicht dient der internen Steuerung, vor allem aber auch der Kommunikation. Sie zeigt Stakeholdern, dass Sicherheit steuerbar und planbar ist und nicht bloß eine teure Blackbox.

2.4.3 Reifegrad: Ihre Ausgangslage im Abgleich mit dem Zielbild

Wer Veränderungen umsetzen will, muss wissen, wo er steht und wo er hinwill. Deshalb lohnt sich in diesem Schritt ein kurzer Realitätscheck: Wie reif ist Ihr Unternehmen in Sachen Cyberresilienz? Welche Strukturen sind vorhanden? Was fehlt?[12]

Der Begriff „Maturität" beschreibt genau das: den Reifegrad eines Unternehmens im Hinblick auf ein bestimmtes Ziel. In der Cybersicherheit ist das Ziel nicht Perfektion, sondern ein dem Unternehmen individuell angemessenes Schutzniveau. Nicht jedes Unternehmen muss alle oder dieselben Standards erfüllen. Aber jedes sollte nachvollziehbar begründen können, warum es bestimmte Maßnahmen ergreift oder (noch) nicht.

Ein Maturitätsmodell hilft dabei, Ihre aktuelle Situation einzuschätzen. Es zeigt, ob ein Thema noch gar nicht behandelt wurde, erste Maßnahmen ergriffen sind oder bereits systematisch umgesetzt wird. Dieses Bild dient der Bewertung der Ist-Situation und der Entwicklung. Es zeigt Ihnen und Ihren Stakeholdern wo Sie Fortschritte machen, wo Nachholbedarf besteht und wie sich Investitionen auswirken.

Vor allem aber schafft es Transparenz: für die Geschäftsleitung und für Ihre internen und externen Partner. Es zeigt: Dieses Unternehmen weiß, was es tut und es geht den Weg zur Resilienz bewusst und geplant.[13]

---

[12] Siehe auch Abb. 3.1 Status Quo und angestrebte Resilienzstufe.

[13] Beispiele für Maturitätsmodelle zur Cybersicherheit: SANS Institute, Security Awareness Maturity Model, https://www.sans.org/blog/strategically-managing-your-human-risk-leverage-the-security-awareness-maturity-model/, https //www.nist.gov/cyberframework (Reifegrad-Stufen = Tiers) oder die Hinweise des Bundesamtes für Sicherheit und Information (BSI) zu Reifegradmodellen. Zugegriffen 17.06.2025.

2.5 Schritt 5: Umsetzung steuern – Fortschritt messbar machen

Cyberresilienz ist kein Projekt mit klarem Enddatum, sondern ein fortlaufender Prozess. Maßnahmen, die einmal beschlossen wurden, müssen umgesetzt, überwacht und regelmäßig überprüft werden. Übrigens ist es auch sinnvoll zu dokumentieren, falls und warum Maßnahmen nicht umgesetzt oder neu priorisiert wurden. Nur so lässt sich sicherstellen, dass sie tatsächlich Wirkung zeigen und nicht nur auf dem Papier existieren. Dieser Schritt hilft Ihnen dabei, den Überblick zu behalten, Entwicklungen sichtbar zu machen und bei Bedarf gezielt nachzusteuern. Denn nur was gemessen wird, das lässt sich auch verbessern.

2.5.1 Statusfeststellung – Wo stehen Sie heute technisch?

Bevor Sie den Fortschritt messen können, müssen Sie wissen, wo Sie starten. Das bedeutet: Eine ehrliche und strukturierte Bestandsaufnahme. Welche technischen Schutzmaßnahmen sind bereits aktiv? Welche Systeme wurden aktualisiert, welche noch nicht? Gibt es eine Protokollierung sicherheitsrelevanter Ereignisse? Sind Backups regelmäßig überprüft worden und könnten im Ernstfall tatsächlich verwendet werden?

Diese Fragen klingen einfach, sind aber in vielen Unternehmen erstaunlich schwer zu beantworten. Oft fehlen vollständige Übersichten, Zuständigkeiten sind unklar oder die Dokumentation ist veraltet. Ziel ist nicht, ein perfektes Bild zu liefern, sondern ein realistisches, damit Lücken gezielt identifiziert und geschlossen werden können.

Für diese Bestandsaufnahme können einfache Listen oder visuelle Darstellungen genutzt werden. Wichtig ist, dass sie aktuell, nachvollziehbar und zugänglich sind.

2.5.2 Tools & Technologien zur Überwachung Ihres Fortschritts

Sobald klar ist, wo Sie stehen, stellt sich die Frage: Wie überwachen Sie, dass sich tatsächlich etwas bewegt? In der Cybersicherheit bedeutet Fortschritt nicht nur, dass Maßnahmen abgearbeitet werden. Es heißt auch, dass Sie schneller auf neue Bedrohungen reagieren können, dass Ihre Systeme robuster werden und dass Ihre Mitarbeitenden sicherer handeln.

2.6 Schritt 6: Projekt planen – Cyberresilienz nachhaltig verankern

Dafür gibt es heute zahlreiche Werkzeuge. Vom klassischen Excel-Tracker bis zu spezialisierten Management-Systemen. Entscheidend ist dabei weniger die technische Raffinesse als die Regelmäßigkeit der Überwachung und Messung. Was einmal begonnen wurde, muss auch durch Statusupdates, Kontrollpunkte, Rückmeldungen aus der Praxis begleitet werden.

Ein bewährter Ansatz ist die Arbeit mit sogenannten Ampel-Logiken: Grün bedeutet erledigt, Gelb in Arbeit, Rot noch offen. Solche Visualisierungen helfen, komplexe Maßnahmenpakete übersichtlich darzustellen und dann schneller zu erkennen, wo nachjustiert werden muss.

Auch automatisierte Tools wie SIEM-Systeme (Security Information and Event Management) oder Dashboards zur Schwachstellenanalyse können hier unterstützen, sofern sie richtig eingebunden und verstanden werden. Der wichtigste Punkt bleibt: Fortschritt ist nicht, wenn Maßnahmen im Plan stehen, sondern wenn sie im Alltag wirken.

Am Ende dieses Schritts steht ein klarer Überblick über den aktuellen Umsetzungsstand sowie eine belastbare Grundlage für die nächsten Entscheidungen. Denn Cyberresilienz entsteht durch stetige Verbesserung, transparente Kontrolle und gemeinsames Verständnis.

2.6 Schritt 6: Projekt planen – Cyberresilienz nachhaltig verankern

Sicherheit ist kein Zustand, den man erreicht und dann abhaken kann. Sie ist eine Fähigkeit, die gepflegt, weiterentwickelt und immer wieder überprüft werden muss. Deshalb endet der Weg zur Cyberresilienz nicht mit dem Abschluss erster Maßnahmen, er beginnt an diesem Punkt eigentlich erst richtig. In diesem Schritt geht es darum, Ihre Erkenntnisse und Fortschritte in eine dauerhafte Struktur zu überführen. Sie legen einen mehrjährigen Fahrplan an, definieren Meilensteine und etablieren Cyberresilienz als festen Bestandteil Ihrer Unternehmensstrategie.

2.6.1 Der 3-Jahres-Fahrplan zur Umsetzung

Ein wirksames Cyberresilienzprogramm braucht Zeit. Manche Maßnahmen lassen sich innerhalb weniger Wochen umsetzen, andere verlangen längere Vorbereitung, Abstimmung oder technische Integration. Ein realistischer Zeitrahmen hilft dabei Druck rauszunehmen, ohne die Dringlichkeit zu verlieren.

Drei Jahre haben sich als sinnvoller Horizont erwiesen: Im ersten Jahr liegt der Fokus auf Analyse, Sofortmaßnahmen und Grundlagen. Im zweiten Jahr folgen strukturelle Veränderungen und vertiefende Maßnahmen, etwa der Ausbau von Notfallplänen oder die Einführung neuer Sicherheitsstandards. Im dritten Jahr schließlich steht die Verstetigung im Vordergrund: Regelbetrieb, Wiederholungen, Automatisierung und ständige Verbesserung.

Entscheidend dabei ist, den Plan als ein dynamisches Instrument wahrzunehmen und zu nutzen, das regelmäßig überprüft und angepasst wird. Neue Bedrohungen, interne Veränderungen oder externe Anforderungen können jederzeit Anpassungen notwendig machen. Aber wer einen Plan hat, kann flexibel bleiben ohne den Überblick zu verlieren.

2.6.2 Iteration und Weiterentwicklung – Bedrohungen erkennen, Resilienz stärken

Cyberangriffe entwickeln sich weiter. Techniken, die heute noch als sicher gelten, können morgen schon ausgehebelt werden. Deshalb muss auch Ihre Resilienzstrategie mitwachsen. Das bedeutet: regelmäßige Überprüfungen, strukturierte Feedbackschleifen und ein aktives Lernen aus eigenen wie fremden Vorfällen.

Ein zentrales Element dabei ist die praktische Übung. Ob technische Simulationen, Krisenplanspiele oder Incident Response Tests, nur wer wirklich trainiert erkennt, wo es noch klemmt. Gleichzeitig helfen Lessons Learned dabei, nicht nur auf Probleme zu reagieren, sondern sie aktiv zu vermeiden.

Ein guter Indikator für Reife ist die Reaktionsgeschwindigkeit: Wie schnell erkennt Ihr Unternehmen einen Vorfall? Wie klar ist der Ablauf im Ernstfall? Wie schnell stehen Informationen und Entscheidungen zur Verfügung? Diese Fragen sollten regelmäßig neu gestellt und die Antworten gemessen werden.

Denn Resilienz bedeutet ja nicht, unverwundbar zu sein. Sie heißt, vorbereitet zu sein auf das Unerwartete, das Unangenehme, auf das, was uns selbst und andere überrascht.

2.6.3 Stakeholder aktivieren und Management einbinden

Gerade in der langfristigen Umsetzung zeigt sich, wie tief Cyberresilienz im Unternehmen wirklich verankert ist. Maßnahmen, die einmal angestoßen wurden, drohen zu versanden, wenn sie nicht regelmäßig kommuniziert und politisch

2.6 Schritt 6: Projekt planen – Cyberresilienz nachhaltig verankern

abgesichert sind. Deshalb ist es wichtig, Stakeholder immer wieder einzubinden und zwar über die gesamte Projektlaufzeit hinweg.

Das betrifft die Geschäftsführung genauso wie mittlere Führungsebenen, Betriebsrat oder externe Partner. Wer regelmäßig informiert wird, bleibt involviert und fühlt sich verantwortlich. Wer nicht eingebunden ist, verliert den Bezug und stellt im Zweifel alles wieder infrage.

Besonders wirkungsvoll ist es, wenn Management und Führungskräfte sichtbar Verantwortung übernehmen. Das kann durch regelmäßige Updates, klare Statements oder die aktive und sichtbare Teilnahme an Übungen geschehen. Entscheidend ist das Signal, dass Cyberresilienz eine strategische Priorität des gesamten Unternehmens ist.

Am Ende dieses sechsten Schritts haben Sie mehr als nur einen Plan, vielmehr ein System und eine Strategie, der sie entnehmen können wo Sie hinwollen, wie Sie dorthin kommen und was es braucht, damit Sie auf diesem Weg bleiben. Damit haben Sie die Grundlage geschaffen, um Ihr Unternehmen zu schützen und es krisenfest, lernfähig und anpassbar zu machen.

So könnte der 3-Jahresplan der HANSTECH Fiktiv GmbH aussehen (hoher Abstraktionsgrad, dies ist natürlich kein Projektplan)[14] (Abb. 2.3).

Kostenlose Prompts und Vorlagen zu jedem Schritt finden Sie auf der Webseite https://awareness4you.de/cyberresilienz-downloads. Passwort: downloads-oeffnen

---

[14] Die PowerPoint-Vorlage erhalten Sie kostenlos auf https://awareness4you.de/cyberresilienz-downloads. Um den Zugang zu den Prompts und Downloads zu erhalten, geben Sie bitte das Passwort „downloads-oeffnen" ein.

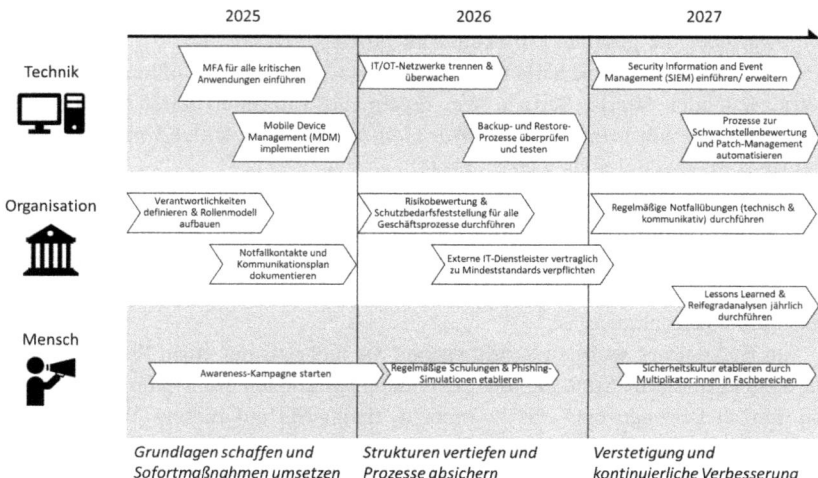

Abb. 2.3 Beispielhafter 3-Jahresplan zur Umsetzung einer Resilienzstrategie. (Eigene Darstellung)

Exkurse für die Praxis 3

3.1 Kommunikation im Krisenfall – Klar, schnell, wirksam

Ein Cyberangriff ist immer auch eine Kommunikationskrise. Während Technik-Teams damit beschäftigt sind, Systeme zu sichern und Daten zu retten, entsteht innerhalb des Unternehmens und oft auch nach außen ein enormer Informationsdruck. Wer nichts sagt, riskiert Spekulationen. Wer zu viel sagt, ohne geprüft zu haben, gefährdet Beweise oder Glaubwürdigkeit. Und wer sich in widersprüchliche Aussagen verstrickt, verliert intern wie extern Vertrauen und möglicherweise Reputation.

Deshalb gehört eine vorab entworfene und durchdachte Kommunikationsstrategie zu den Grundpfeilern jeder Cyberresilienz. Sie sorgt dafür, dass im Ernstfall nicht erst überlegt werden muss, **ob** kommuniziert wird, sondern bereits klar ist, **wie** und **von wem** dies geschieht.

Interne Kommunikation: Vertrauen erhalten
Im ersten Moment nach einem Vorfall ist die Belegschaft oft verunsichert. Was ist passiert? Bin ich betroffen? Muss ich etwas tun? Diese Fragen sollten nicht unbeantwortet bleiben. Denn gerade im Chaos neigen Menschen dazu, sich eigene Erklärungen zu suchen, gar zu spekulieren und damit unbeabsichtigt Panik oder Fehlinformationen zu verbreiten.

Wichtig ist, frühzeitig und klar zu informieren: Was ist bekannt, was noch nicht? Welche Maßnahmen laufen? Welche Anweisungen gelten aktuell? Dabei geht es nicht um Details, sondern um eine erste Orientierung. Wer transparent informiert, stärkt das Vertrauen und bindet Mitarbeitende in die Lösung ein, statt sie zum Teil des Problems werden zu lassen.

Externe Kommunikation: Souveränität zeigen
Sobald externe Stellen wie z. B. Kund:innen, Geschäftspartner:innen, Behörden oder Medien betroffen sind, muss auch nach außen kommuniziert werden. Hier gilt: weniger ist oft mehr, solange es glaubwürdig ist. Aussagen sollten abgestimmt, faktenbasiert und rechtlich geprüft sein. Wer voreilig „Entwarnung" gibt und später zurückrudern muss, verliert doppelt: an Glaubwürdigkeit und an rechtlicher Sicherheit.[1]

Ein vorbereiteter Kommunikationsplan hilft enorm: Wer spricht mit wem? Welche Kanäle werden genutzt? Welche Botschaften stehen bereits als Vorlage bereit? Besonders hilfreich ist eine enge Abstimmung mit der Rechtsabteilung, Datenschutzbeauftragten und gegebenenfalls PR-Profis. So lässt sich vermeiden, dass durch falsche oder verspätete Kommunikation zusätzlicher Schaden entsteht.

Notfallkommunikation vorbereiten
Im Ernstfall bleibt keine Zeit zum Improvisieren, es kann sogar gefährlich sein. Deshalb sollten Sie Ihre Kommunikationsprozesse vorbereiten, dokumentieren und regelmäßig üben. Dazu gehören mindestens:

- Eine aktuelle Liste aller internen und externen Ansprechpartner:innen
- Kommunikationsvorlagen für verschiedene Szenarien
- Ein internes Lageboard zur Abstimmung von Informationen
- Klarer Eskalationsweg für Entscheidungen sowie Festlegung der Kommunikationsmittel

Ein solcher Plan muss nicht kompliziert, aber vorhanden und den am Prozess Beteiligten bekannt sein. Denn nichts ist im Ernstfall belastender als Funkstille, während die Gerüchteküche und das Netz brennt.

---

[1] Informationen zu Meldepflichten finden Sie z. B. beim Bundesamt für Information und Sicherheit (BSI): https://www.bsi.bund.de/DE/IT-Sicherheitsvorfall/Kritische-Infrastrukturen-und-meldepflichtige-Unternehmen/Ich-muss-oder-moechte-einen-IT-Sicherheitsvorfall-melden/ich-muss-oder-moechte-einen-it-sicherheitsvorfall-melden_node.html. Zugegriffen 17.06.2025.

3.2 Defense in Depth – Mehrschichtige Sicherheit richtig umsetzen

In der Cybersicherheit gilt ein Grundprinzip, das ebenso alt wie aktuell ist: Eine einzelne Maßnahme reicht nicht. Wirklich sicher ist nur, wer auf technischer, organisatorischer und menschlicher (= kultureller) Ebene denkt und handelt. Dieses Prinzip wird als „Defense in Depth" bezeichnet, also als Verteidigung in der Tiefe oder besser in die Tiefe.

Das Konzept stammt ursprünglich aus dem militärischen Bereich. Dort bedeutet es: Eine Festung schützt sich mit einem ganzen, aufeinander aufbauenden System von Hindernissen, wie z. B. Gräben, Wällen, Mauern, Wachtürmen und Innenhöfen. Selbst wenn eine Ebene durchbrochen wird, verhindern weitere Verteidigungslinien, dass der Angreifer direkt sein Ziel erreicht.

Sicherheit auf mehreren Ebenen
Übertragen auf die IT und Cybersicherheit bedeutet das folgendes: Wenn ein Schutzmechanismus versagt und etwa ein Passwort geknackt wird, muss es weitere dahinter liegende Schutzebenen geben. Beispielsweise eine Mehrfaktor-Authentifizierung, ein eingeschränktes Nutzerprofil, ein Alarm bei ungewöhnlichem Verhalten oder eine starke Netzwerksegmentierung, die Bewegungen innerhalb des Systems einschränkt.

Jede dieser Maßnahmen für sich ist nützlich. Zusammen aber entsteht ein Sicherheitsnetz, das Lücken auffängt, Fehler kompensiert und Angreifenden das Leben deutlich schwerer macht.

Typische „Verteidigungslinien" in der Praxis
In einem mehrschichtigen Sicherheitskonzept ergänzen diese Maßnahmen einander sinnvoll. Ein einfaches Beispiel:

- **Äußere Schicht:** Firewalls und VPN-Zugänge schützen vor unbefugtem Zugriff von außen.
- **Zugangsmanagement:** Starke Passwörter, Rollen- und Rechtemanagement, Identity Access Management sowie Mehrfaktor-Authentifizierung begrenzen den Zugang.
- **Erkennung:** Systeme zur Angriffserkennung (IDS/IPS) und Protokollanalyse helfen, verdächtige Aktivitäten frühzeitig zu bemerken.
- **Abschottung:** Netzwerksegmentierung sorgt dafür, dass Angreifende sich nicht ungehindert im System bewegen können.

- **Geräteschutz/Schutz der Endpunkte:** Endpoint Detection and Response (EDR)-Lösungen überwachen Endgeräte (Laptops, Desktops, Server) kontinuierlich auf verdächtige Aktivitäten, erkennen und reagieren auf Bedrohungen.
- **Reaktion:** Incident Response Pläne und geschulte Teams sorgen für schnelle und koordinierte Gegenmaßnahmen.

Auch Organisation und Mensch gehören dazu

Nicht zu unterschätzen sind die „weichen" Verteidigungsmechanismen, vor allem klare Prozesse, verständliche Richtlinien und geschulte Mitarbeitende. Ein technisches Sicherheitssystem ist nur so stark wie die Menschen, die es bedienen oder (bewusst oder unbewusst) aushebeln. Wenn jemand auf einen Phishing-Link klickt oder ein Backup versehentlich löscht, versagen alle Systeme. wenn keine organisatorischen Schutzmaßnahmen greifen.[2]

Deshalb umfasst Defense in Depth auch:

- Schulungen zur Erkennung von Bedrohungen
- Regelungen zum sicheren Umgang mit Informationen, z. B. durch Einführung von Datenklassifikationen
- Kontrolle und Monitoring menschlicher Handlungen im System auf Anomalien (ungewöhnliche Aktivitäten)

Das Ziel: Verzögern, Erkennen, Handeln

Defense in Depth will nicht verhindern, dass je etwas passiert, das wäre illusorisch. Ziel ist es, Angriffe so früh wie möglich zu erkennen, ihre Auswirkungen zu begrenzen und Zeit zu gewinnen, um angemessen zu reagieren. Im besten Fall bleibt der Angriff folgenlos, im schlimmsten Fall lässt sich der Schaden begrenzen.

In jedem Fall gilt, wer tiefer verteidigt, bleibt länger handlungsfähig und hat eine Chance seinem Angreifer immer eine Entscheidung voraus zu sein.

Was ist Monitoring?

Monitoring (Überwachung) bezeichnet die kontinuierliche Beobachtung von IT-Systemen, Netzwerken und Anwendungen, um verdächtige Aktivitäten oder Sicherheitsvorfälle frühzeitig zu erkennen. Dabei werden

---

[2] Laut TÜV Cybersecurity Studie 2025, TÜV-Verband e. V., Berlin, https://www.tuev-verband.de/studien/tuev-cybersecurity-studie-2025, sind 19 % aller Cybersicherheitsvorfälle auf sogenannte „Innentäter:innen" zurückzuführen. Zugegriffen 17.06.2025.

Protokolle, Zugriffsdaten und Netzwerkverkehr analysiert, um Anomalien und potenzielle Angriffe sofort zu identifizieren.

Voraussetzungen für effektives Monitoring:
- Klare Sicherheitsrichtlinien und definierte Überwachungsbereiche
- Transparenz über alle relevanten IT-Systeme, Anwendungen und Schnittstellen
- Einsatz von Security-Tools wie SIEM-Systemen (Security Information and Event Management)
- Regelmäßige Aktualisierung von Erkennungsregeln

Nutzen und Anwendung:
Ein gut strukturiertes Monitoring hilft dabei, Angriffe oder Systemfehler frühzeitig zu erkennen und schnell darauf zu reagieren. Gleichzeitig schafft es Transparenz über die IT-Umgebung und ermöglicht eine strukturierte Analyse von Bedrohungsmustern, anhand derer die Sicherheitsstrategie kontinuierlich optimiert werden kann.

3.3 Die sieben Schritte der Cyber Kill Chain

Die **Cyber Kill Chain** ist ein Modell von **Lockheed Martin**, das die sieben typischen Phasen eines Cyberangriffs beschreibt – von der ersten Erkundung durch Angreifende bis zur finalen Zielhandlung, wie Datendiebstahl oder Sabotage. Es dient Unternehmen dazu, Angriffe frühzeitig zu erkennen, zu unterbrechen und Sicherheitsmaßnahmen gezielt entlang der Angriffskette zu platzieren. Durch das Verständnis der Kill Chain können Verteidiger:innen Angriffe nicht nur am Endpunkt abwehren, sondern bereits in den frühen Phasen stoppen, bevor ernsthafter Schaden entsteht (Abb. 3.1).

Ein praktisches Beispiel für die Anwendung der Cyber Kill Chain ist ein gezielter Angriff auf eine Produktionsfirma, bei dem es dem Angreifer gelingt, eine Ransomware in das Netzwerk des Unternehmens einzuschleusen.

Cyber Kill Chain in der Praxis: Ransomware-Angriff (Erpressungssoftware) auf eine Produktionsfirma
Erkundung: Der Angreifer wählt eine Produktionsfirma als Ziel und beginnt damit, Informationen über das Unternehmen zu sammeln. Er nutzt öffentliche Quellen,

Cyberangriffe verstehen und unterbrechen

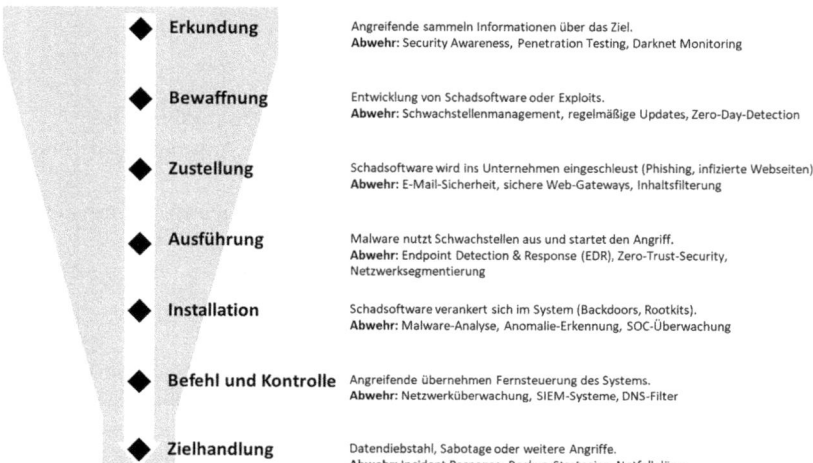

Abb. 3.1 Die sieben Stufen der Cyber Kill Chain. (Eigene Darstellung)

wie die Firmenwebsite, und durchsucht soziale Medien, um Details über die verwendeten Systeme, die Netzwerkinfrastruktur und mögliche Schwachstellen zu erfahren. Der Angreifer identifiziert eine bestimmte Software, die in der Produktionsumgebung verwendet wird und die bekanntermaßen eine Sicherheitslücke aufweist.

Bewaffnung: Nachdem der Angreifer die Schwachstelle identifiziert hat, entwickelt er eine spezielle Ransomware, die diese Lücke ausnutzt. Die Ransomware wird so programmiert, dass sie nach der Infektion des Netzwerks alle Produktionsdaten verschlüsselt und somit den Betrieb lahmlegt, bis ein Lösegeld gezahlt wird.

Übermittlung: Der Angreifer schickt eine gezielte Phishing-E-Mail an die IT-Abteilung der Produktionsfirma. Die E-Mail enthält einen Anhang, der wie ein wichtiges Update für die Produktionssoftware aussieht. Sobald der Anhang geöffnet wird, beginnt die Schadsoftware, sich unbemerkt im Netzwerk zu verbreiten.

Ausnutzung: Die Ransomware nutzt die bekannte Schwachstelle in der Produktionssoftware aus, um sich Zugang zu kritischen Systemen zu verschaffen. Diese

Phase ist entscheidend, da der Angreifer nun die Kontrolle über das Netzwerk erlangt und damit den eigentlichen Angriff starten kann.

Installation: Die Ransomware wird nun auf den Zielsystemen installiert. Sie richtet sich so ein, dass sie auch nach einem Neustart der Systeme aktiv bleibt. Die Schadsoftware beginnt damit, systematisch alle wichtigen Produktionsdaten zu verschlüsseln.

Kommando und Kontrolle: Die Ransomware stellt eine Verbindung zu einem externen Kontrollserver her, über den der Angreifer den Angriff überwacht und steuert. Von diesem Server aus kann der Angreifer die Ausbreitung der Ransomware koordinieren und sicherstellen, dass der Schaden maximiert wird.

Zielerreichung: Schließlich wird das eigentliche Ziel des Angriffs erreicht: Die Ransomware verschlüsselt alle Produktionsdaten und legt den Betrieb der Firma lahm. Eine Nachricht erscheint auf den betroffenen Systemen, die erklärt, dass die Daten nur gegen Zahlung eines Lösegelds wieder entschlüsselt werden können. Der Betrieb steht still, bis die Forderungen erfüllt sind oder die Systeme wiederhergestellt werden.

3.4 Integration in die Unternehmensstruktur – Vom Silo zur Resilienzstrategie

Cybersicherheit läuft nicht neben dem Tagesgeschäft. Sie funktioniert nur dann nachhaltig, wenn sie mit klaren Zuständigkeiten, verbindlichen Prozessen und echtem Rückhalt aus der Führungsebene Teil der Unternehmensstruktur wird. In vielen Organisationen ist jedoch das Gegenteil der Fall. Sicherheitsfragen sind in der IT „versteckt", werden als technisches Randthema behandelt und in der Praxis ignoriert, sobald es kompliziert oder unbequem wird.

Dieser Exkurs zeigt, wie Sie schrittweise und ohne große bürokratische Hürden Sicherheit aus der Silo-Ecke herausholen und in eine gelebte Resilienzstrategie überführen können.

Verantwortung klären, nicht verschieben

Zentrale Voraussetzung ist, dass Sicherheit nicht als reine IT-Aufgabe verstanden wird. Zwar spielen technische Schutzmaßnahmen eine wichtige Rolle, doch sie greifen nur dann, wenn Prozesse, Entscheidungen und das Verhalten der

Mitarbeitenden mitgedacht werden. Das bedeutet: Jede Abteilung trägt Verantwortung. Und es braucht eine Instanz, die den Überblick behält, etwa eine:n Informationssicherheitsbeauftragte:n oder eine interdisziplinäre Steuerungsgruppe. Diese Verantwortung muss sichtbar und verbindlich sein und vor allem von der Unternehmensführung unterstützt werden. Sicherheit gehört in Zielvereinbarungen, Rollenbeschreibungen und interne Audits.

Prozesse und Sicherheit verzahnen
Viele Risiken entstehen nicht durch gezielte Angriffe auf ein einzelnes Unternehmen, sondern durch alltägliche Prozesse, in denen Sicherheit nicht mitgedacht wurde. Neue Software wird ohne Freigabeprozesse eingeführt. Daten werden ohne Verschlüsselung in der Cloud gespeichert. Zugänge werden ohne Protokollierung geteilt. All das lässt sich vermeiden, wenn Sicherheitsanforderungen systematisch so früh wie möglich in die Prozesse integriert werden.

Das kann schrittweise erfolgen. Beginnen Sie bei Beschaffungsprozessen, Softwareentwicklung, Personalmanagement oder Projektsteuerung. In jedem dieser Bereiche lassen sich Sicherheitsanforderungen definieren, prüfen und automatisieren. Wer Sicherheit in bestehende Abläufe integriert, senkt langfristig den Aufwand, weil Klarheit und Routine entstehen und dies die Resilienz erhöht.

Sicherheit als Führungsaufgabe etablieren
Echte Integration gelingt dann, wenn die Geschäftsführung das Thema mit Ressourcen, mit Kommunikation und mit Konsequenz sichtbar unterstützt. Das bedeutet nicht, dass Führungskräfte alle technischen Details verstehen müssen. Aber sie sollten die strategische Bedeutung erkennen und ihre Verantwortung ernst nehmen.

Sicherheit muss auf die Agenda der Leitungsebene. Sie braucht einen Platz in regelmäßigen Besprechungen, in der Jahresplanung, in der Unternehmenskommunikation. Dann kann eine „sicherheitsbewusste Unternehmenskultur" entstehen, mit einem Klima, in dem Mitarbeitende wachsam sind, Verantwortung übernehmen und Risiken ernst nehmen und proaktiv melden, noch bevor etwas passiert.

Wer das erreicht, hat den entscheidenden Schritt getan weg vom abstrakten Projekt, hin zur echten, gelebten Cyberresilienz.

3.5 Cybersicherheits-Awareness – Wie Sie Menschen zu Mitstreiter:innen machen

Technische Sicherheitsmaßnahmen sind selbstverständlich wichtig, entfalten aber nur dann zuverlässig ihre Wirkung, wenn auch die Menschen im Unternehmen mitziehen. Studien und Erfahrungsberichte zeigen immer wieder, dass der häufigste Angriffsweg nicht die Technik, sondern der Mensch ist. Ein unbedachter Klick auf eine gefälschte E-Mail, ein weitergegebenes Passwort oder ein offenes WLAN im Homeoffice reichen aus, um Angreifenden den Zugang zu sensiblen Daten zu verschaffen.[3]

Deshalb braucht jedes Unternehmen eine klare Antwort auf eine zentrale Frage: Wie schaffen wir es, dass unsere Mitarbeitenden nicht zur Schwachstelle, sondern zu Unterstützenden im Kampf gegen Cyberkriminalität werden?

Awareness ist mehr als Schulung
Viele Unternehmen setzen auf klassische Sicherheitsschulungen, einmal im Jahr, verpflichtend, mit Multiple-Choice-Test am Ende. Damit ist das Thema abgehakt. Wirklich verändert wird damit selten etwas.

Awareness bedeutet mehr. Es geht darum, ein Sicherheitsbewusstsein zu schaffen, das im Arbeitsalltag präsent ist. Die Mitarbeitenden sollen Bedrohungen erkennen, Risiken einschätzen können und wissen, wie sie im Zweifel richtig reagieren. Dafür braucht es wiederholte Impulse, praxisnahe Beispiele, regelmäßige praktische Übung und vor allem eines: Relevanz. Menschen müssen verstehen, warum das Thema auch ihn oder sie persönlich betrifft, um aufmerksam und wachsam zu bleiben.

Sensibilisieren statt belehren
Ein häufiger Fehler ist der belehrende Ton. Wer Mitarbeitende mit erhobenem Zeigefinger auf Regeln und Richtlinien hinweist, erntet Ablehnung oder Gleichgültigkeit. Viel wirkungsvoller sind kurze, verständliche und an der Lebensrealität orientierte Informationen. Das können Plakate in der Kaffeeküche sein, kurze E-Mails mit Beispielen aktueller Betrugsmaschen, simulierte Phishing-Tests mit persönlichem Feedback oder moderne, zum Beispiel spielerische Übungen.

---

[3] Ein guter Indikator: Phishing und dessen Konsequenzen ist nach wie vor das häufigste Einfallstor für Cyberangriffe: TÜV-Verband e. V., Berlin, Cybersicherheit in deutschen Unternehmen. Neue Bedrohungslage – besserer Schutz. Cybersecurity Studie 2025, S. 18. SoSafe GmbH, Köln, Human Risk Review 2024. Expert insights and strategies for navigating the cyberthreat landscape, S. 7.

Wichtig ist auch hier, dass die Maßnahmen kontinuierlich erfolgen, nicht punktuell. Sie sollen informieren, nicht ausschließlich kontrollieren. Und sie sollten optimalerweise im Dialog erfolgen, mit der Möglichkeit, Rückfragen zu stellen oder Vorfälle anonym zu melden.

Führungskräfte als Vorbilder
Awareness funktioniert nur, wenn sie von oben unterstützt und vorgelebt wird. Wenn Führungskräfte beim Thema Cybersicherheit mit gutem Beispiel vorangehen, klare Erwartungen kommunizieren und für sich selbst keine Ausnahmen beanspruchen, ist das ein starkes Signal. Umgekehrt wird jede Maßnahme konterkariert, wenn „von oben" E-Mails mit sensiblen Daten unverschlüsselt verschickt oder die Nutzung von Passwortmanagern oder Multifaktor-Authentifizierung ignoriert wird.

Deshalb sollten Führungskräfte als Multiplikator:innen eng in das Awareness-Programm eingebunden sein. Wenn sie regelmäßig über Sicherheit sprechen, eigene Erfahrungen teilen oder gezielt Fragen stellen, steigt die Relevanz des Themas im Alltag aller Mitarbeitenden. Um dies zu ermöglichen, ist ein eigenes Sensibilisierungs- und Aufklärungsprogramm für Führungskräfte sinnvoll.

Kultur statt Kampagne
Am Ende geht es bei Awareness und Sensibilisierung um Unternehmenskultur und eine Haltung. Sicherheit ist unbequem und ein zusätzlicher Aufwand, aber eben unerlässlicher Teil des professionellen Arbeitens. Wenn diese Haltung im Unternehmen verankert ist, wächst eine Kultur der Aufmerksamkeit, der Verantwortung und des gegenseitigen Schutzes sowie des Schutzes der Unternehmenswerte.

Awareness ist also nicht wie oft vermutet ein „weiches Thema", sondern ein echter, harter Erfolgsfaktor. Wer es richtig angeht, stärkt die Resilienz des gesamten Unternehmens und macht Menschen zu aktiven Mitstreiter:innen in der digitalen Selbstverteidigung.

3.6 Forensik nach dem Vorfall – Was war, warum, was jetzt?

Wenn ein Cyberangriff erfolgreich war, beginnt die eigentliche Arbeit oft erst danach. Es reicht nicht aus, Systeme wiederherzustellen und „zur Tagesordnung überzugehen". Entscheidend ist, zu verstehen, was passiert ist, wie es passieren konnte und wie sich ein ähnlicher Vorfall in Zukunft vermeiden lässt. Hier kommt die digitale Forensik ins Spiel: die strukturierte Untersuchung eines Sicherheitsvorfalls, mit dem Ziel, Ursache, Verlauf und Auswirkungen nachvollziehbar zu rekonstruieren.

Warum Forensik kein Luxus ist
Für viele Unternehmen klingt Forensik nach Polizei und Großkonzern. Tatsächlich ist sie in jedem Unternehmen unabhängig von Größe oder Branche relevant. Nur wer versteht, wo der Angriff begann, welche Systeme betroffen waren und welche Spuren hinterlassen wurden, kann seine Schutzmaßnahmen wirksam anpassen.

Auch juristisch ist Forensik oft unverzichtbar: etwa zur Erfüllung von Meldepflichten, zur Dokumentation gegenüber Aufsichtsbehörden oder zur Abwehr von Schadenersatzforderungen. Eine nachvollziehbare und gut dokumentierte Aufarbeitung zeigt, dass Ihr Unternehmen professionell reagiert und hilft, Vertrauen zurückzugewinnen.

Was Forensik leisten muss
Im Kern geht es darum, vier zentrale Fragen zu beantworten:

1. **Was ist passiert?**
2. **Wie ist es passiert?**
3. **Welche Systeme und Daten sind betroffen?**
4. **Was kann daraus für die Zukunft gelernt werden?**

Dazu werden Logdateien ausgewertet, Benutzeraktivitäten analysiert, betroffene Systeme gesichert und alle verfügbaren Datenquellen herangezogen. Wichtig ist, dass dies systematisch, rechtssicher und mit klarer Rollenverteilung erfolgt.

Vorbereitung ist entscheidend
Die Qualität einer forensischen Analyse hängt stark von der Vorbereitung ab. Wenn im Vorfeld keine Protokollierung aktiviert war, wichtige Systeme nicht abgesichert wurden oder Zuständigkeiten unklar sind, lassen sich Angriffe nur schwer rekonstruieren. Deshalb ist Forensik sowohl Reaktion als auch Prävention.

Wer regelmäßig prüft, ob relevante Daten gespeichert, geschützt und zugänglich sind, erhöht demzufolge seine Reaktionsfähigkeit enorm. Dazu gehört auch ein Notfallplan, der genau regelt, was im Fall eines Vorfalls zu tun ist inklusive Kontakt zu spezialisierten Dienstleister:innen, externen Forensiker:innen oder Strafverfolgungsbehörden.

Lernen und verbessern
Der größte Wert der Forensik liegt nicht allein in der Analyse, sondern im Umgang mit Konsequenzen. Ein gut aufgearbeiteter Vorfall bietet wertvolle Hinweise auf technische Schwachstellen, auf organisatorische Lücken und auf notwendige Trainings verschiedener Zielgruppen. Diese Hinweise sollten systematisch dokumentiert und in den Verbesserungsprozess eingespeist werden.

Ein „Lessons Learned"-Meeting, eine Überarbeitung von Richtlinien oder ein angepasstes Schulungskonzept sind sinnvolle Reaktionen auf forensische Erkenntnisse. Wer so handelt, verwandelt einen Schaden in Fortschritt und kann sein Unternehmen widerstandsfähiger gegen die nächste Bedrohung machen.

3.7 Resilienz verstetigen – Mit Business Continuity Management (BCM) und Lessons Learned wachsen

Cyberresilienz endet nicht mit dem letzten umgesetzten Maßnahmenpunkt. Sie beginnt erst dort, wo auch nach einem Vorfall Unternehmen lernen, sich stetig weiterzuentwickeln. Wer aus Erfahrungen die richtigen Schlüsse zieht, Prozesse überdenkt und Strukturen anpasst, schafft den Übergang von punktuellen Reaktionen zu systemischer Widerstandsfähigkeit. Zwei Konzepte sind dafür zentral: das Business Continuity Management (BCM) und der Umgang mit „Lessons Learned".

Was BCM leistet und warum es mehr ist als ein Notfallplan
Business Continuity Management zielt darauf ab, die Handlungsfähigkeit des Unternehmens auch in außergewöhnlichen Situationen, beispielsweise bei Cyberangriffen, technischen Ausfällen, Naturereignissen oder anderen Krisen aufrechtzuerhalten. Es fragt „Wie verhindern wir, dass etwas passiert?", aber auch „Was tun wir, wenn es doch passiert?"

Ein wirksames BCM identifiziert kritische Geschäftsprozesse, legt Wiederanlaufpläne fest und definiert Alternativen für zentrale Funktionen. Ein wesentlicher erster Schritt dabei ist **die Business Impact Analyse (BIA).** Diese Untersuchung bewertet die potenziellen Auswirkungen von Unterbrechungen auf Geschäftsprozesse und -funktionen. Sie hilft dabei, Prioritäten festzulegen, indem sie Antworten auf Fragen liefert wie:

3.7 Resilienz verstetigen – Mit Business Continuity Management ...

- Welche Abläufe müssen innerhalb welcher Zeit wiederhergestellt sein?
- Welche Ressourcen werden dafür benötigt?
- Wer entscheidet im Ernstfall und auf welcher Basis?

Der größte Nutzen von BCM liegt in der Klarheit, die im Ernstfall eintritt. Alle Beteiligten wissen bereits im Vorfeld (und haben dies praktisch geübt) was zu tun ist und zwar ohne Chaos, Schuldzuweisungen, Hilflosigkeit oder lähmende Diskussionen.

Von der Reaktion zum Lernen – Lessons Learned
Jeder Vorfall, ob groß oder klein, liefert Informationen darüber, wie gut das Unternehmen vorbereitet war. Was hat funktioniert? Was nicht? Welche Reaktionen kamen zu spät, welche waren überzogen? Diese Erkenntnisse sind Gold wert, wenn sie systematisch erfasst und genutzt werden.

„Lessons Learned" bedeutet, nicht einfach zum Alltag zurückzukehren. Stattdessen bedeutet es innezuhalten, zu reflektieren und konkrete Maßnahmen für die Zukunft abzuleiten. Das kann in strukturierter Form geschehen, etwa durch Nachbesprechungen (Post-Incident Reviews), kurze schriftliche Zusammenfassungen oder Feedbackrunden mit beteiligten Teams.

Wichtig ist, dass diese Rückblicke nicht als Schuldzuweisungen inszeniert und empfunden werden. Es geht nicht darum, Fehler zu bestrafen, sondern darum, sie zu verstehen und zukünftig besser zu machen. Das setzt eine offene, konstruktive Kultur voraus, in der Lernen wichtiger ist als Rechtfertigung.

Resilienz wird zur Kultur
Wer BCM etabliert und Lessons Learned ernst nimmt, verändert nach und nach das Denken im Unternehmen. Risiken werden offen und konstruktiv besprochen statt sie zu verdrängen. Fehler werden im positiven Sinne genutzt statt vertuscht. Sicherheit wird als Teil des professionellen Arbeitens gesehen statt als lästiges Projekt gesehen.

Diese Haltung lässt sich nicht verordnen, sie wächst mit jedem Schritt, den das Unternehmen bewusst geht. Mit jeder Übung, jeder Reflexion und jeder Anpassung entsteht ein Stück mehr Resilienz. Somit wächst auch kontinuierlich die Fähigkeit, in unsicheren Zeiten handlungsfähig, vertrauenswürdig und erfolgreich zu bleiben.

Was Sie aus diesem *essential* mitnehmen können

- Sie gewinnen ein klares Verständnis Ihrer spezifischen Bedrohungslage und lernen, Risiken gezielt zu bewerten.
- Sie entwickeln ein strukturiertes Vorgehen, um technische, organisatorische und personelle Schutzmaßnahmen wirksam umzusetzen.
- Sie verstehen, welche gesetzlichen und regulatorischen Anforderungen für Ihr Unternehmen gelten und wie Sie diese praktisch erfüllen.
- Sie erhalten ein realistisches Zielbild für Ihre Cyberresilienz und kennen die notwendigen Schritte, um es zu erreichen.
- Sie stärken Ihre Handlungssicherheit. Im laufenden Betrieb, in der Planung und im Umgang mit Vorfällen.

© Der/die Herausgeber bzw. der/die Autor(en), exklusiv lizenziert an Springer Fachmedien Wiesbaden GmbH, ein Teil von Springer Nature 2025
S. Maier und S. Aengenheyster, *Cyberresilienz in der Praxis*, essentials,
https://doi.org/10.1007/978-3-658-49237-3

Literatur/„Zum Weiterlesen"

Aengenheyster, S. (2024): **Cyberresilienz als ganzheitliche Managementaufgabe**. Yeebase media Gmbh, Hannover. Zugegriffen 17.06.2025.

Kifer, C. (2024): Cybersicherheit im Fokus: Vorbeugen, abwehren und gezielt agieren. Huss-Verlag, München.

Kipker, D. (2023): Textsammlung Cybersecurity: Wichtige Gesetze, Verordnungen und EU-Richtlinien. VDE VERLAG GmbH, Berlin.

Liedtke, T. (2024): Cybersecurity Management System: Anforderungen – Aufbau – Ziele – Prozesse (essentials). Springer Gabler, Wiesbaden.

Maier, S.; Aengenheyster, S. (2020): Geschäftsrisiko Cyber-Security: Leitfaden zur Etablierung eines resilienten Sicherheits-Ökosystems (essentials). Springer Gabler, Wiesbaden.

Prause, M.; Mühlenberg, N. (2025): Künstliche Intelligenz verantwortungsvoll einsetzen: Praktische Leitfänden zum Umgang mit KI und den EU-Regulierungen: KI-Verordnung, DSGVO, Produkthaftung und Cyber-Resilienz. CodexAlgo Publishing.

Pohlmann, N. (2022): Cyber-Sicherheit: Das Lehrbuch für Konzepte, Prinzipien, Mechanismen, Architekturen und Eigenschaften von Cyber-Sicherheitssystemen in der Digitalisierung. Springer Vieweg, Wiesbaden.

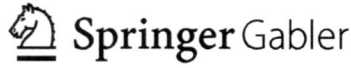 springer-gabler.de

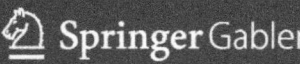

Jetzt bestellen:
link.springer.com/978-3-658-32045-4

GPSR Compliance
The European Union's (EU) General Product Safety Regulation (GPSR) is a set of rules that requires consumer products to be safe and our obligations to ensure this.

If you have any concerns about our products, you can contact us on

ProductSafety@springernature.com

In case Publisher is established outside the EU, the EU authorized representative is:

Springer Nature Customer Service Center GmbH
Europaplatz 3
69115 Heidelberg, Germany

www.ingramcontent.com/pod-product-compliance
Ingram Content Group UK Ltd.
Pitfield, Milton Keynes, MK11 3LW, UK
UKHW022235230426
12048UKWH00018BA/1279